未来的超脑少年在哪里

《超脑少年团》节目组　著

中国妇女出版社

图书在版编目（CIP）数据

未来的超脑少年在哪里 / 《超脑少年团》节目组著．-- 北京：中国妇女出版社，2021.9
ISBN 978-7-5127-2019-0

Ⅰ.①未… Ⅱ.①超… Ⅲ.①学习方法 Ⅳ.①G791

中国版本图书馆CIP数据核字（2021）第154428号

未来的超脑少年在哪里

| 作　　者：《超脑少年团》节目组　著
| 责任编辑：赵　曼
| 文字编辑：张　于
| 封面设计：尚世视觉
| 责任印制：王卫东
| 出版发行：中国妇女出版社
| 地　　址：北京市东城区史家胡同甲24号　　　邮政编码：100010
| 电　　话：（010）65133160（发行部）　　65133161（邮购）
| 网　　址：www.womenbooks.cn
| 法律顾问：北京市道可特律师事务所
| 经　　销：各地新华书店
| 印　　刷：三河市祥达印刷包装有限公司
| 开　　本：165×235　1/16
| 印　　张：15.5
| 字　　数：230千字
| 版　　次：2021年9月第1版
| 印　　次：2021年9月第1次
| 书　　号：ISBN 978-7-5127-2019-0
| 定　　价：59.00元

版权所有·侵权必究　　（如有印装错误，请与发行部联系）

PREFACE
前 言

致未来少年们的邀请函

超脑少年们：

你们好！

我是清华大学基础科学讲席教授、北京智源人工智能研究院首席科学家刘嘉。

作为"暗星人"的首领、节目的总顾问，同时也是命题人的我，在设计这些挑战项目的时候，脑海里面浮现的是你们手足无措、垂头丧气的样子，然后——败下阵来。是的，我就是这么"阴险"（笑），因为我们是需要你们来颠覆的"前浪"。在我们把时代的舵交给你们之前，我们需要知道，你们是否已经准备好了。

事实证明，你们一路披荆斩棘，攻克了"暗星人"设下的一个又一个难题。此时此刻，作为"暗星人"首领的我，并没有"阴谋"失败的沮丧。相反，我很高兴，你们比我想象的还要强大，还要有潜力！祝贺你们!

  我时常在想，未来的时代会是什么样子？也许，在不久的将来，人工智能会像电灯一样，进入千家万户，成为我们生活中不可分割的一部分。但是，未来社会里的人工智能不会是像电影《黑客帝国》《终结者》中描述的那种与人类为敌的异形，而应该是尽心助力人类发展的忠实伙伴。而这一切，就需要掌握人工智能的超脑少年们来完成！为此，我将邀请8位少年来到位于清华大学的我的"脑与智能实验室"进行深度研学。我将打开实验室的所有门禁，邀请我国顶级人工智能领域的专家与大家面对面交流，请他们分享心得。

  我们的现在是过去的未来，但是，我们的现在不是未来的过去，因为未来有无限可能！来吧，超脑少年们，我在清华大学等你们！

《超脑少年团》节目科学总顾问　刘嘉

写给《超脑少年团》

我很荣幸能参加《超脑少年团》节目的制作。作为常年在实验室工作的高校老师，我幸运地了解了如何用大众媒介来展现人类的脑力，也收获了象牙塔内难以企及的体会。我从没有把《超脑少年团》当作一档综艺节目，因为从节目策划开始，它就被定位成一部展现精彩的脑力挑战和培养青少年能力的现实舞台剧，是一场让少年们提升自己的旅程。现在，舞台剧已经落幕，回头看还有很多可以改进和提高的地方，但是这个节目没有辜负其激发观众对教育和学习的关注的初心。

智力和成为英才的关系是什么？有没有提升孩子学习成绩的"金方法"？这是我被家长和教育工作者问得最多的问题。在竞争压力高企的今天，"拼娃""拼学习"似乎已成为教育的热点话题。很多人忘记了教育的初心是培养独立的人。我们的孩子面对的不只是眼前的学业和考试，他们更要独立面对大人都无法预知的未来。在人和人工智能共生的未来，这些孩子如何寻找自己的定位、保持身心平衡，是我们现在就要考虑的问题。如果我们不能清晰地预见未来，那就模拟未来的挑战，让优秀的少年们去迎接这些挑战。因此，《超脑少年团》闪亮登场了。

你会发现少年们在节目上面对的挑战大多需要运算，不仅要靠纸笔，还要靠计算机和编程技巧。因为，计算思维是几乎所有未来的工作中都需要使用的基本技巧，也是目前大国间的各前沿学科进行竞争的共通之处。我们的少年是否具备优秀的计算思维？如何培养计算思维？我们将通过节目中精彩的挑战来一一呈现与解答。节目中展现的抽象力、解析力等是与脑力相关的能力，也是计算思维能力的具体类别。除了这些智力因素，未来少年们亟待发展的是能应对未来高压和竞争的非智力能力。因此，节目中也展现了少年们的逆行力、担当力等在学校教育中难以学习到的能力。我很欣喜地看见超脑少年们漂亮地完成了挑战，收获了成长和友谊。正如我在节目的第一期对所有少年和他们的父母说的一样："这个节目不是比赛，也不是一个博取个人知名度的舞台，它就是一个学习的旅程。"现在，节目已经结束，我相信他们和我一样如此地感同身受。

那么，您手头拿到的这本书有什么值得一读的地方呢？首先，我们会看到超脑少年们和他们父母的真挚想法和感受。人类理性思考的能力和学习真知的能力其实是有限的，但是向榜样学习是一条提升能力的捷径。作为优秀少年及其家长的代表，他们的所思所想、对节目旅程的感悟，一定会对您有所启发。其次，这本书介绍了节目中孩子完成挑战需要具备的八大能力，并谈及了这些能力是什么，以及如何培养。最后，为了"迎合"大家对学习的"金方法"的需求，我不谦虚地加入了一些基于目前心理学和脑科学原则的高效学习方法论，涉及如何专注、克服拖延、有效记忆和生涯规划。仓促成文，无颜推荐，只望这些"术"能对您有些许帮助。

秩秩斯干，幽幽南山。极目远眺，但见彼水。与您共勉。

北京大学心理与认知科学学院教授　魏坤琳

CONTENTS 目录

第1章 CHAPTER 1

总导演手记：未来社会需要什么样的人才

让所有的孩子和家长"有所得" / 002

未来属于掌握优秀技术的新人类 / 004

解锁八大"未来力" / 006

我们不希望任何一个挑战是没有意义的 / 008

节目的定位是做 "摆渡人"，核心是通过挑战看成长、

　看教育 / 010

那些击中内心的"教育观" / 014

　"失败就像药，不好吃，但是能治病" / 014

　孩子有自己独立的人生 / 015

　不要勉强孩子表达 / 016

关注的焦点不仅是孩子，更应该是家长自己 / 017

如何看待教育资源差距 / 018

第2章 CHAPTER 2

魏坤琳的课程：成长在未来，立足在当下

提升专注力，让学习更高效 / 020

  缺乏专注力有什么危害 / 020

  为什么我们很难专注 / 021

  提升专注力的五大实用方法 / 022

如何提升学习和记忆的效果 / 027

  记忆力 ≠ 学习力 / 027

  那些实用的记忆规律 / 029

  应对考试有妙招 / 038

告别无药可救的拖延症 / 042

  为什么孩子总是一拖再拖 / 042

  改变拖延症的五大方法 / 043

找准兴趣与潜能，做好迎接未来的准备 / 052

  为什么要关注专业与兴趣 / 052

  兴趣丧失的负面影响 / 054

  如何寻找兴趣 / 055

  怎样培养孩子的兴趣 / 057

  最好的发展方向是将兴趣与潜能结合 / 059

第 3 章

CHAPTER 3

解锁未来八大能力，用成长型心智去迎接未来

抽象力：透过现象找到规律的能力 / 065

逆行力：在逆境中迎接挑战的能力 / 073

团队协作力：立足社会的必备能力 / 079

分解力：拆解复杂问题的能力 / 085

评估力：评估、判断事物的能力 / 094

创造力：发现和创造新事物的能力 / 099

担当力：敢于承担有所作为的能力 / 106

解析力：剖析和研究事情的能力 / 112

综合能力：1+1 > 2 的全局统筹能力 / 117

第 4 章

CHAPTER 4

超脑能力的挑战设计

四大挑战项目深度玩法 / 124

《不思议迷局》 / 124

《天际线云图》 / 128

《来自星星的TA》 / 135

《制霸！星辰大海》 / 141

超脑挑战项目是怎么设计出来的 / 152

出题故事之《天际线云图》 / 152

出题故事之《隐秘的角落》 / 159

出题故事之《来自星星的TA》 / 160

出题故事之《紧急呼叫》 / 160

第 5 章

CHAPTER 5

超脑少年自述成长心得Q&A

党一桐：编程小高手，汉服达人 / 164

刘洁洁："逆行力"满分的种子选手 / 168

罗闻章：聪明捣蛋，搞笑担当 / 171

马钦伟：实力在线的"社交达人" / 174

崔鐘子：颜艺双馨的才女 / 180

董苏晋：成熟自信的"小大人" / 183

宋昱轩：动手能人"宋老师" / 187

高培淇：狂爱编程的"小神童" / 190

朱克儒："我想成为一个普通人" / 193

谭栋泽：野路子"栋哥" / 196

王悦然：出谋划策的"小军师" / 199

第6章　CHAPTER 6

超脑少年养成记

党一桐妈妈：有能力就应该去改变这个世界 / 204

刘洁洁妈妈：孩子自己安排学习，我只负责照顾她的生活 / 208

罗闻章妈妈：希望孩子有自己的想法，知道将来要干什么 / 210

崔鐘子妈妈：做一个省心的妈妈，凡事都让孩子自己先决定 / 213

董苏晋妈妈：我最喜欢也最欣赏的就是孩子很乐观 / 216

宋昱轩妈妈：尽量以平常心去对待孩子的成绩 / 221

高培淇爸爸：爸爸带孩子是伙伴式地打怪升级 / 225

谭栋泽妈妈：孩子，你的想法很对，你要坚持 / 229

王悦然妈妈：孩子在小学阶段的引导和规划非常重要 / 232

第 1 章

1

总导演手记：未来社会需要什么样的人才

让所有的孩子和家长"有所得"

有一个问题不知道你们有没有思考过，未来到底需要什么样的人才？具备什么样的能力才能在未来立足呢？是智商高的？或是成绩好的？还是动手能力强的？

我和这档节目的主创们从2014年起就一直在做脑力竞技类节目《最强大脑》，包括更名后的《燃烧吧大脑》。把几百位脑力高手参加的近300个挑战呈现给了观众，其中有一个共同点，就是大家看到的基本都是这群人最厉害、最高光的一面，展现的都是"别人家的孩子"的荣耀时刻、高光瞬间。至于他们是怎么变得这么厉害的，怎么一步步培养的，家长的家庭教育方式是什么样的，孩子的成长过程是什么样的，这些都没有很详细地展现。

从2020年起我们团队就一直想做一档能让所有的孩子和家长"有所得"的节目，不仅展示少年们的能力，还要记录他们的成长瞬间，挖掘他们的成长故事，探讨他们在成长中哪些教育方法起到了促进的作用，告诉大家这些少年为什么会这么优秀，所以便诞生了《超脑少年团》。我们邀请了24位10～18岁的少年，在他们成长的黄金年龄，来到一个最适合他们学习和创造的环境，以最舒适的节奏展示他们的能力和成长故事。

我们节目的使命就是通过10期内容，以挑战为载体，唤醒热爱，呵护每一位少年内心深处的求知欲和好奇心，激发他们的学习力和创造力。

未来属于掌握优秀技术的新人类

挑战形式上，《最强大脑》是展示人脑的极限，所有的挑战是选手用大脑来完成的。《超脑少年团》在研发初期就做出了一个大胆的决定，这也是科学总顾问刘嘉教授提出的建议，希望孩子们的挑战可以用人脑结合现代化工具。这里的工具包括C++、Python、Java等编程软件，Excel函数和宏的应用，纸、笔和各类测量工具，以及测量软件、地图搜索软件、航线查询软件、SketchUP三维建模软件等各种可以帮助他们的工具。

为什么要用工具呢？正如节目中魏坤琳教授所说，人类的大脑是有边际的，人类想要进步的话，就要学会用更合理的工具来解决现实中面临的问题，未来不是单纯地属于聪明的大脑，也不是属于某种高科技，而是属于掌握优秀技术的新人类，所以我们要激发少年们的，就是用他们的大脑合理地、高效地利用工具解决现实问题。未来世界追求更高效、更优解、更开放的挑战和探索，而不是动死脑筋。使用计算工具来解决实际问题的能力,才是现在和未来人类迫切需要的。

  这档节目和以往脑力挑战节目还有一个区别,就是在挑战形式上设置了更多的动手操作的任务。这里的动手不是简单地用手答题、用手找答案,而是用手去真正地劳动,去解决实际问题,比如,有的项目是用一堆基础的零件造一部能打通电话的手机,或是用很多异形的材料块建造出一个承重体。这种挑战的调性是从一开始设计整个节目框架时就构想好的,想要展示少年们在德智体美劳全方面的能力。

解锁八大"未来力"

挑战能力上，刘嘉教授在《最强大脑》初期设计的是计算、记忆、空间、推理等六维能力。这次《超脑少年团》在少年的计算思维能力的基础上又提出了新的要求，我们要通过节目解答一个问题，就是"未来社会到底需要什么样的人才"。我们要通过不同的挑战考核和培养少年们的"未来力"。"未来力"，即"未来世界的人才应具备的核心竞争力"。在人工智能（AI）时代、信息爆炸的未来，不单单是用智商来定义人才，在21世纪仅仅掌握读、写、算、记这几项基本能力已经不够了，我们面对的信息量呈指数级增长，新技术在不断革新，社会挑战更加复杂。未来世界需要创新型人才，掌握更加全面的应用能力才能适应并创造属于他们的未来世界。

节目中一共解锁了八种"未来力"，分别是抽象力、逆行力、团队协作力、分解力、评估力、创造力、担当力和解析力。

《超脑少年团》是从现在到未来的一个新篇章，我们不止步于展示少年们现在的能力有多强,而是去培养、挖掘他们适应未来的能力,因为只有这样才能创造未来!我们希望这群孩子经历整个"超脑"之旅后,具有前瞻的意识,当然也希望所有的观众和读者能有所收获。

我们不希望任何一个挑战是没有意义的

节目中的挑战是根据我们节目科学总顾问刘嘉教授提出的挑战形式和能力框架来设计的，挑战形式就是人脑结合工具，能力就是适应未来社会的八大未来力，在前文已经阐述过了。根据以上要素，结合生活中的实际应用，设计出了节目中呈现的挑战。

我们不希望任何一个挑战是没有意义的，比如《紧急呼叫》的挑战，除了要教会少年们用单片机制造出手机，还要教会少年们在紧急状况下的求生技巧。还有《智慧城市》的挑战，少年们除了要用编程方式规划交通灯以达到交通畅通的目的，还要掌握生活中统筹的意义和方法。

我们设计的挑战很多都是大学生研究的课题，甚至有些是众多科学家致力解决的问题。我们希望少年们能够在一期节目中解锁一项技能，并让这项技能成为他们日后在未来社会立足的本领。大多数少年在这些挑战中找到了自己的兴趣爱好，锁定了自己未来人生的目标。

比如，马钦伟被保送清华大学，他参加节目后，增加了对计算机研究的兴趣，打算在未来研究人工智能，并在清华大学选择相应的专业。

在项目设计的过程中，如何让使用编程工具的项目实现可视化，让观众能看懂是一个比较大的难题，好在研发团队做可视化挑战非常有经验。我们首先列出几个必要的要点，比如，一定要用工具，选题一定要解决现实问题，一定要有道具呈现，然后在这个基础上不断地让设计方案发散和缩圈，最后锁定了几个挑战任务。

我们找的选手很多都是"大神"级选手，他们在信息学竞赛和物理竞赛中都取得过全国名列前茅的成绩，但是竞赛考试和我们的挑战是不同的，如何完成这些电视化呈现的挑战，对他们来说也是一个难题。在前期面试的过程中，我们发现这些选手有一个共同点——学习能力很强。我们在设置挑战前会先判断他们本身具不具备挑战的能力，如果挑战任务属于全新的能力范畴，比如，用人工智能写诗是中小学生比较难接触到的，我们会结合专家的建议，用类似的例子和理论框架引导他们学习和整合新知识。习得新知识后，他们基本处于同一水平，那么现场的挑战就是考查他们的迁移性，也就是学习新知识后举一反三的思辨能力。

节目的定位是做"摆渡人"，
核心是通过挑战看成长、看教育

　　节目的核心不是挑战，而是通过挑战看成长、看教育。节目展示了少年们的成长过程。他们会遇到一些之前没有涉猎的领域里的挑战，要在节目中快速地从零开始学习，甚至研究24小时后，就要在舞台上呈现出挑战结果。所以有时他们交的作业并不是特别完美，但我们仍然被他们在研究过程中展现的精神所感动。

　　超脑少年就是普通孩子，就像节目嘉宾伊能静说的："你的孩子和莎士比亚之间，缺的是一双发现的眼睛。"我相信每个孩子都有闪光点，只是这个闪光点也许不是父母所关注的，比如，学习不好，但动手能力很强；个人能力有限，但表达力和领导力很强。节目所做的是一个"摆渡人"的工作，我们在家长和孩子之间架起一座桥梁，让家长认识到只要因材施教，每个孩子都可以成才。未来社会是多元化的社会，评价一个人的标准也应该是多维度的，让每个孩子在自己热爱的领域发光发热，这比强行把每个孩子培养成"学霸"更有意义。

录制节目的时候，我们把现场的观众人数大幅减少，换上了孩子们的家长，让他们全程观看自己孩子的挑战表现，全程聆听嘉宾的讲解和对挑战能力的解读，全身心地投入到这次成长中来。

节目中有一个长得很像球星罗纳尔多的瘦小男孩名叫罗闻章，他的每位老师都跟他妈妈说小罗上课坐不住，乱动乱跑。不仅是主课老师，还有美术老师、体育老师都在跟他妈妈告状，也总有人建议小罗妈妈带小罗去医院看看小罗是否患有多动症。小罗妈妈日常除了盯着小罗学习，让他少碰手机之外，还要经常给老师们赔不是。我当时比较关注这个孩子：一是因为我跟他妈妈一样，整天都担心老师给我发消息，不发还好，一发肯定是孩子在学校闯祸了，一闯祸就要跟老师赔不是或是跟其他家长沟通道歉；二是因为小罗的每项测试成绩都很优秀，在一项思维测试中，他登录系统迟了几分钟，在监考直播间大哭，然后边哭边完成了测试，居然还排到了当批测试的前三名。当时，这个孩子的能力、性格在我们心中都留下了比较深刻的印象。小罗上场之后，第一个挑战就让所有人眼前一亮，好多信息学竞赛"大神"都由于心态或方法等原因没有做到全对，而他一路保持冷静，一动不动认真作答一个多小时，而且两轮都全对。后来他在其他的挑战中也非常冷静、专注，不管是抢答形式还是全员竞速形式，他虽然不是最快的那一个，但一定是全对的那一个。还有一个挑战，他在做一道程序类例题的时候十分兴奋，比玩游戏还开心，他妈妈说他回房间睡觉时一直说这个挑战太好玩了，甚至后来还跟题目组导演要了几十道题要带回家继续做、继续玩。

正如魏坤琳教授在节目中跟他妈妈解答时所说的，她的孩子专注力没有问题，只是没有给他提供一个专注的空间。在挑战中他能专注如此长的时间，几十分钟一动不动地钻研，就证明了他在遇到自己感兴趣的事物时，是完全可以专注的。

魏坤琳教授跟我们探讨节目时说过，我们要做一个"摆渡人"，帮孩子找到他们的兴趣爱好，帮父母找到孩子的天赋。希望节目做完后，每个孩子和他的家庭都能得到一份成长答案。

罗闻章的妈妈在节目结束后，给我们写了一封信，信中说："我跟孩子日日夜夜相处12年，都不及来《超脑少年团》这18天对他了解得深。我万万没想到我那看似懒散、不守纪律、疲沓的孩子，居然能这么专注地面对挑战，居然能完成这么有难度的挑战，居然这么有团队责任感，居然能独立表达出清晰的想法。"这些都是她在来参加节目前没有想到的。

你看，作为"摆渡人"，我们也算是为这个家庭立功了！

附上罗闻章妈妈的来信节选：

一切的一切都是我们见所未见、闻所未闻的完美！

然而，我更想说，对于素昧平生的我们，最最重要的是，尊业敬业的你们做到了比妈妈更加用心地倾听孩子的话语、孩子的心声。你们让平时那个畏缩胆小、懒散糊涂的熊孩子，能专注地站在那么多摄像机前自信地绽放未曾所未有的光彩！日日夜夜照顾了他12年的我，时时惊叹——这题是我儿子做的么？这话真的是我儿子说的么？这么专注于比赛的孩子真的是我家的熊孩子么？

只有"超脑少年团"，只有各位专业的老师，才能激发孩子们的小宇宙！

只有你们身体力行地告诉我，不要再对孩子说"你说得不对，你闭嘴"，而是要说"你想说什么？我想听！"

知遇之恩无以为报，仅以此篇语无伦次的碎碎念感谢最

那些击中内心的"教育观"

"失败就像药,不好吃,但是能治病"

节目一开始,来陪同的家长几乎清一色是妈妈,只有两位爸爸。到后期,来陪同的爸爸的数量有了惊人的提升,居然翻倍了。我一向对爸爸能够很好地教育孩子这件事持怀疑的态度,因为在我们家爸爸一辅导功课,不到3分钟就能听到咆哮声,不是爸爸咆哮,就是孩子大叫。还有,我认识一位教授朋友,他自己孩子的教育问题也是无法攻克的难关。但是,在节目前期选拔中,我关注到了两个小学生选手,他们的简历中都体现了爸爸的一路陪伴,挖掘他们的潜能和兴趣,陪伴他们进行非常快乐和高效的学习,取得的成绩也令人羡慕。其中一个孩子的父亲在发掘了孩子在编程方面的天赋后,自己也去考了一个编程教练资格证,陪伴孩子一起学习、一起进步。从此,在我心里,我认为爸爸是能教好孩子的,而且带出来的孩子很优秀,也很开朗。那位令我印象深刻的父亲就是10岁选手小培淇的爸爸,他的教育不是那种"鸡娃"的类型,而是让人如沐春风的类型。有一次,培淇在一场挑战中失利了,在台下他强忍着泪水,他爸爸看见后跟他说了这么一句话:"胜利就像你喜欢吃的糖果,好吃,但是吃多了牙会坏的。失败就像药,不好吃,但是能治病。"听完这句话,我们全场的导演鸡皮疙瘩都起来了,只有深深了解自己的孩子、长时间陪伴孩子的父母才能说出这样的话。

孩子有自己独立的人生

马清运老师和他的夫人都是清华大学毕业的高才生,他们的儿子马伯骞却走上了说唱歌手的道路,这似乎印证了当下网络上"教授的孩子在偏离'学霸'的道路上越走越远"的话题。马老师说,当马伯骞决定当歌手的时候,他们夫妻也纠结得睡不着觉,觉得家里几代人都没有从事这个行业的,小马也太特立独行了。但后来他们想明白了:孩子有孩子的人生,父母有父母的人生,父母不能替孩子的人生做决定。所以马老师就告诉小马:"既然选择了,就要对自己负责。"

节目中的选手马钦伟也是一个非常独立的孩子,从海选面试到最后录制结束,他的家长一直都没有陪同,一直是他自己一个人做主。这个非常独立的孩子在队伍中也是一个顶梁柱的角色,由于德智体美劳样样都发展得很均衡,所以他给队长做了一个很好的辅助作用,不仅独当一面,还起到了稳定军心的作用。在很多团队项目中,他不是最强的一员,但他总能协调好队友的分工,激发出每个人最大的潜能和作用,并及时肯定队友的作用和付出,是一个非常有担当力、团队协作力的孩子。

不要勉强孩子表达

选手朱克儒的爸爸来到现场时，向嘉宾提问："如何与青春期的孩子沟通？"伊能静说："不要勉强孩子表达，如果羞于启齿，可以用文字的方式来沟通。你可以给孩子留言，不管他回不回，你坚持沟通，孩子会看到也会记在心里的。"静姐的方法，其实很多孩子处于叛逆期或青春期的家长都可以学习。我的孩子有时候在学习上受了挫，我说了他几句后，他脾气上来了，我再说什么他都听不进去，也不会给我回应。但是如果这时候我给他一个安慰的拥抱或给他写一封信，分析一下原因或提一些建议，或许他也能采纳。

关注的焦点不仅是孩子，更应该是家长自己

节目之所以会把家长也纳入现场，就是希望一起探讨家庭教育的话题。我希望家长们看节目时，焦点不仅是"别人家的孩子"，还应该是"别人家的家长"。你有没有完全接纳你的孩子？你有没有付出时间和精力？你有没有和孩子平等沟通？你有没有一双发现的眼睛？……我希望家长们看了节目后，能重新审视自己的孩子和对他们的要求，这就成功了。诚如节目嘉宾伊能静所说："不要用你的过去来评判我的未来，因为我的未来你没有去过。"

静姐还一直要求自己具备一种能力——自省能力，就是自我反省的能力，包括自我总结、自我批评、自我约束，比如，当你要去说别人的时候，你要问问自己有没有做到。我认为家长不要光指望孩子具备很强的自省能力，作为家长，要在阶段性的教育之后，深刻思考、不断自省，和孩子一起沟通、进步，调整教育的方法，帮助孩子找准他未来的方向。

如何看待教育资源差距

教育资源存在的差距是客观事实，我们不要回避。节目中，有来自一线城市家庭的孩子，也有来自偏远山区靠助学金上学的孩子，他们确实在技能上有很大差距。但我的理解跟节目嘉宾魏坤琳教授说的是一致的，不要去横向比较，可以纵向比较，山区里的孩子和他的父母、祖辈相比，已经进步了一大截。父母不识字，他至少接触了电脑，了解了现代化信息工具。他的子女、子女的子女也将站在他的肩上看世界。只要一代比一代强，这就是值得肯定的进步，为什么非要和一线城市家庭的孩子比较呢？教育是为人生打开一扇窗，透过这扇窗，你能看多远，取决于每个人的努力。

最后，我希望中国未来的孩子们：眼里有星光，脚下有泥土。

《超脑少年团》总导演　蒋昕彤

第 2 章

魏坤琳的课程：成长在未来，立足在当下

提升专注力，让学习更高效

缺乏专注力有什么危害

无论跟学习有没有关系，任何事情都会消耗我们的认知资源。俗话说，我们不能一心二用，如果你心里有一件事情，即使这件事情跟你当下做的事情没有什么关系，它也会消耗你的专注力，让你变得焦虑。

所以我们不够专注的时候，一般是受到了两种干扰：一种是外部干扰，另一种是内部干扰。如果孩子长期缺乏专注力，对学习会有很多负面影响。

首先，如果一个人很难专注，他就很容易受到外部的干扰。学习时，外界有点儿风吹草动，就会使他分心，无法进行长时间的思考。这就会影响他解决问题的能力，因为在学习中，想要解决难题需要长时间地保持专注，如果专注力不够集中的话，很多难题可能解不出来，该记忆的东西记不住。

如果一个人缺乏专注力的话，也容易变得粗心。我们做研究的时候，会把专注力形容成一盏"聚光灯"；学习的时候，聚光范围越小越好。但是如果孩子缺乏专注力，可能就注意不到题中的很多细节，做作业或者考试的时候就会犯错。如果长期缺乏专注力，也会对学习丧失兴趣，甚至厌恶学习。为什么呢？因为专注力不集中，在学习中遇到的困难就会影响孩子的学习兴趣和自信心，如果长时间对学习感到乏味和无奈，孩子就会对学习产生排斥心理。

为什么我们很难专注

首先我要告诉大家，对于所有人来说，专注都是一件困难的事情，不仅是学生觉得困难，其实家长也觉得困难。家长是不是也会发现，自己在生活中经常忍不住掏出手机来看一下？工作时间稍微长一点儿，就想刷一下朋友圈、看看微信？为什么专注会那么困难？是因为每时每刻你的大脑中都在进行着斗争。

学习其实是一个需要长时间付出努力的过程，而且它不会立刻让你成功，需要长期积累后才会在后面的考试或者人生中获得成功。当我们思考长期目标的时候，大脑用的是前额叶，前额叶平时负责表征和做长期目标的运算。但是，你会受到一些短期目标的干扰，比如，你特别想刷一下短视频，特别想打开聊天软件看一眼，这些都是一些短时间能完成的事情。这些短期目标可以立刻给你带来爽的感觉，看一下微信就可以知道朋友圈发生了什么事情，马上就可以让你的内心爽一下。这个短期目标和大脑中的杏仁核的活动有关。杏仁核主导短期目标，眼眶皮质主导长期目标，它们俩形成了竞争的关系。特别是，这两个脑区都投射到另一个脑区伏隔核上。可以说，短期目标和长期目标是在伏隔核内进行竞争的。如果短期目标胜出，你就会分心刷短视频；如果长期目标胜出，你就会继续专注地学习。这种长期目标和短期目标的竞争，每时每刻都在你大脑里进行着，它们的斗争结果决定了你每一步的行为选择。

如果你对游戏、聊天等活动上瘾，实际上就是短期目标经常胜出。如果它经常胜出的话，伏隔核习惯了对短期目标进行及时的处理，所以分心就成为一种习惯。其实每个人小时候专注力都比较差，当你还是个三四岁的孩子的时候，你的专注力能够集中在一个事物上的时间只有几分钟，慢慢地到上小学、中学的时候，才有可能坐在课堂上进行专注的学习。所以研究专注力发育的整个过程，你就会发现你的大脑发育越成熟，专注力越强。

提升专注力的五大实用方法

既然大脑时时刻刻都存在着短期目标和长期目标的竞争，让人很容易分心，那么我们的孩子应该如何克服它？怎样让他们长时间地专注在当下需要学习的内容上？我给大家推荐几个实用方法。

甩开外部干扰

当孩子学习的时候，把跟学习无关的东西全部挪开。你可以想象一下，如果孩子进入一个房间，房间里面什么都没有，而另一个孩子的房间里摆了他喜欢的冰激凌，哪一种环境下专注度会更高？所以如果想去除外部干扰，学习环境必须单调。任何跟学习无关的物件都可以挪开，手机可以设置为静音，屏蔽一些消息提示，电脑上无关的提醒可以屏蔽，浏览器可以关闭。这其实也是我平时的工作习惯，当我集中注意力在工作上的时候，我的手机是扣过来的、是静音的，微信是关闭的。你也可以帮孩子做到这一点，把他喜欢吃的零食、喜欢玩的玩具、喜欢摆弄的东西都收起来。让孩子的桌面上干干净净的，只保留跟学习相关的东西，这样可以帮助他去除外部干扰。

外部干扰还有另一种情况，就是孩子在学习时可能会受到别人的打扰，比如，同学、家长、老师向他提出问题，或者需要他去做另外一件事情。如果孩子对他们提出的问题或者要求做的事情即时响应的话，就相当于分心了。所以如果孩子在学习时受到了别人的干扰，建议可以这样来应对：暂时不处理其他人的请求，把它记在便笺纸上稍后再处理。这样孩子就能够把专注力集中在当下的学习上。

去除内部干扰

除了外部干扰，人们也会受自己内部思维的干扰。举个例子，孩子正在学习数学，突然想起来下午要进行英语测试，虽然英语测试跟数学学习没什么关系，但是这件事情会记挂在心里面，造成学习效率下降，这就是内部干扰。所以，当孩子需要专注学习的时候，要告诉孩子不要挂念后面需要完成的学习任务，不要想今天下午要上什么辅导班，今天晚上要做什么作业，明天要出去踢球，等等。让他只看当下，不要想其他事情。那么，有什么小技巧让孩子只看当下呢？

你可以建议孩子列计划清单，将下午要做的事情、晚上要做的事情全都写在纸上，完成一个任务就划掉一个，他不需要在心头挂念后面要做的事情，这就是去除内部干扰。

求助于信息管理工具

我们之前讲过，人脑有不专注的弱点，那我们就不要吝啬于求助各种各样的工具。制订日程表，规划出当前的任务清单，对电脑或者浏览器进行浏览时间限制。比如，孩子喜欢刷短视频，你可以对手机使用进行设定，每天刷30分钟后就无法打开；孩子喜欢浏览某某网站，但容易上瘾，而且会影响他学习，你可以用专门的App设定时间；让孩子在学习的时候定一个闹钟，告诉他如果30分钟没有完成学习任务就不能休息。日程表、任务清单、各种各样管理时间的App都是工具，这些工具能帮助孩子专注于当下的学习任务。我们不要觉得这些工具很小儿科，它们虽然简单，但是正好能够弥补我们人脑的弱点，所以我们不要羞于使用工具。

让孩子学会监控自己的注意力

什么叫监控自己的注意力呢？我一讲你就明白，如果你发现自己经常走神，这个时候你就注意到了注意力本身。如果你知道某某东西是你的干扰物、某某东西让你分心，你能够注意到这些具体的东西，就证明你已经注意到了注意力本身。其实真正的学习高手，当他专注于一件事情的时候，他90%的精力是在做当下的任务，而剩下10%的大脑资源是在监控自己，也就是注意到注意力本身，这样才能够让自己的思维集中在一件事情上，而不是随波逐流。

要让孩子慢慢掌握监控专注力这个技巧。其实冥想锻炼是一种不错的方法，那些冥想大师能够很好地监控自己的专注力。只有当孩子可以慢慢地把监控自己的专注力变成一种思维习惯，他才能更好地控制自己的专注力。

让孩子锻炼自己的专注力

怎么做呢？很简单，先给孩子树立一个小目标，比如，可以让孩子定一个5分钟的闹钟，告诉他5分钟之内不能分心、不能起身、不能做别的事情。5分钟完成以后，家长可以给孩子一点儿小奖励，允许他稍微刷一下短视频或者吃点儿零食。一开始设定的时间是孩子通常情况下的专注力时长，是他的能力极限，但可以慢慢地延长训练的时间，变成10分钟、15分钟，甚至变成45分钟，你会发现他能够专注的时间越来越长。这和锻炼肌肉一样，开始的时候，你可能只能举5公斤，后来可以举10公斤，再后来可以举15公斤。其实专注力作为智力的一部分，就应该像锻炼肌肉一样，逐步地提高它的能力。

张弛有度才是王者之道

我们还用锻炼肌肉来举例，所有的肌肉锻炼除了让肌肉紧张以外，更重要的是让肌肉放松。优秀的举重运动员都有一个特点：当他让肌肉紧张的时候，肌肉会变得像岩石一样坚硬，但是当他放松的时候肌肉能变得像棉花一样柔软。其实学习高手也是一样的道理，他们的专注力是张弛有度的，可以做到非常紧张，将专注力高度集中在当下的事情上，也可以很好地放松。我们应该让孩子学习这种特质，因为学习毕竟是枯燥的。长时间地学习，具有很大的挑战性，孩子要学会放松。

你可以把学习任务想象成一个长条,然后把它切成一小块、一小块的,我把这些小块称为"时间胶囊"。在每颗时间胶囊之内,孩子要用高度集中的专注力完成当下的学习,心无旁骛地完成后,家长可以让孩子放松一下。其实放松就是让大脑分泌一点儿多巴胺,让它愉悦一下,这种愉悦的情绪就是对它的奖赏。毕竟学习并不是要像苦行僧一样,不仅需要专注,更需要放松。帮助孩子把他的专注力锻炼成举重运动员的肌肉一样,张弛有度,这样他才能够成为一个专注力强的人。

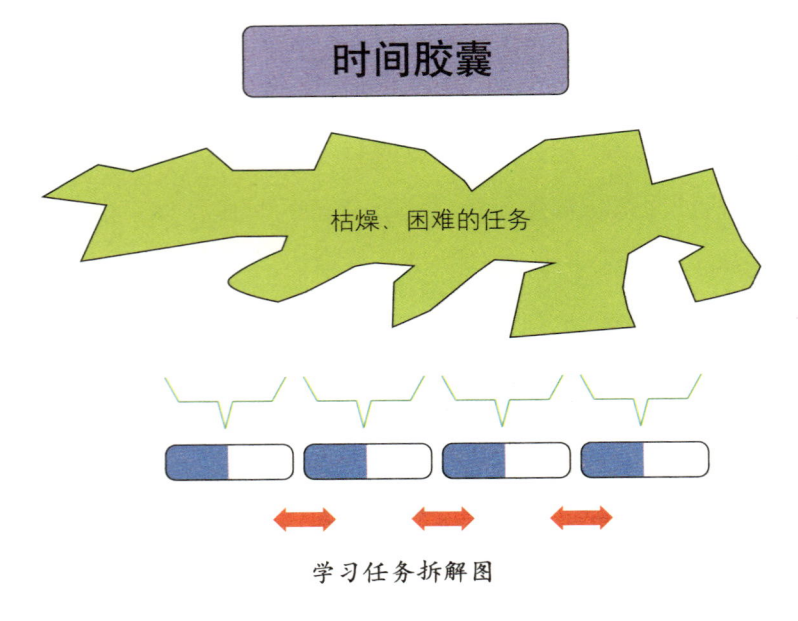

时间胶囊

枯燥、困难的任务

学习任务拆解图

需要提醒的是,放松时间不能过长,不能够学习1小时,打游戏3小时,否则就本末倒置了。让孩子知道玩游戏、看电视是他给自己的放松活动,时间不能太长,不然会影响主要任务的推行,影响学习的进度。

如何提升学习和记忆的效果

记忆力≠学习力

那些记忆高手的大脑跟普通人的大脑到底有什么差别？其实他们的大脑结构跟普通人没有差别，因为记忆术是可以通过练习获取的一种记忆技巧。而且大家可能会注意到，一些记忆高手并不一定是学习的高手。

能不能通过掌握记忆术来提升学习能力呢？首先我们来看看记忆术本身是怎么回事。其实记忆术的本质是信息的转换，它用各种记忆的编码作为线索，比如，用谐音、用空间想象或者视觉图像来代替要记的东西。

举个例子，记一长串随机的数字非常困难，但是《最强大脑》节目中的选手可以记住。他是怎样做的呢？他把一长串数字分成两个一组来做编码，比如，看到数字11，他联想到的是筷子；看到数字41，联想到的就是"司仪"。当有"筷子"又有"司仪"以后，就需要把这两个物体通过视觉想象变成一个故事情景。你可以想象你进入一个房间，看见司仪手上拿着一双筷子，你就知道原来我要记的那个数字是4111。

他把原本要记忆的、枯燥的、随机的数字，转换成了生动的视觉图片，然后把图片组成一个故事，放在一个空间里面，这样他就能够记住海量的信息。记忆术的实质就是：把要记住的对象进行信息转换。但是，学习的实质并不是这种毫无意义的信息转换过程，而是为了形成有意义的理解。

我再举一个关于记忆术的例子。比如，某人要记住一个英文单词economy，汉语的意思是"经济"，他会如何编码呢？如果把它用谐音变成"依靠农民"，因为农民经济水平提高了，整体经济才能提高。但是我认为这种编码方法非常不科学，从语言上来讲，孩子对"经济"这个词的词义理解可能会被带偏，而且相当于对本来要记忆的英文单词多了一层信息转换。如果孩子用这种方式来记英文单词，虽然他会拼这个英文单词，但这个英文单词应该怎么用，放入上下文语境之中，它的具体含义有没有细微的差别变化，这些孩子都学不会。所以，记忆术的表演性往往会大于实用性，孩子可以表演自己能记一长串随机数字，但这种能力并不能够帮助他理解知识本身，也不能帮助他处理这个信息。

科学家研究了那些记忆高手的大脑后发现：首先，在结构上他们的大脑跟我们正常人的大脑没有差别；其次，如果想要成为一个记忆高手，必须有一种非常突出的能力——信息处理的速度非常快，也就是大脑运转的速度非常快。有些人记忆一长串数字特别快，他脑子里要进行大量的信息转换，这个转换是需要时间的，而他记得非常快，这就说明他大脑的信息处理速度非常快。但这项能力并不等同于学习能力。就像孩子用记忆术去背诵一首古诗，他的确可以快速把那首古诗背下来，甚至可以倒背如流，但是他真的能够理解这首古诗的含义吗？他能够理解这首古诗的隐喻吗？他能够欣赏古诗的文学之美吗？很难做到。所以，记忆力本身并不等同于学习力，因为学习的本质不是记忆，学习的本质是理解。这也印证了一句话：记忆是思考的灰烬。

那些实用的记忆规律

我们知道记忆术的确可以帮助我们记住信息，但是超强记忆力并不等于超强的学习力。学习过程中的确需要一定的记忆力去记住大量的知识。脑科学和心理学是如何帮助孩子更好地记忆的呢？

遗忘曲线告诉孩子该怎样复习

复习应该距离初次学习多长时间呢？从心理学的角度来讲，一个人思考过的东西大多数都会存在于他的大脑中，只是提取不出来，因此回想不起来，表现为记住的东西总会被遗忘。心理学上有一个著名的遗忘曲线学说，也叫作"艾宾浩斯曲线"学说——一个人学习后最开始的记忆是百分之百，但是随着时间的推移开始遗忘，并且忘得越来越多。因此，我们可以通过复习来防止遗忘。复习的特点是什么？复习一次，就相当于把这个知识又"提起来"了，提起来后再遗忘，再"提起来"。如果多次复习，能记住的内容就会相应增多，而需要提起的被遗忘的东西就越来越少。从表象上看，就是一个人通过不断的复习，他记的东西越来越多、越来越牢靠。

通过遗忘曲线可以知道记忆是随着时间递减的，孩子在复习时应该注意些什么呢？

◎ **复习间隔的时间不宜过长**

复习不要离初次学习的时间太长，最多不要超过一个月。因为要记忆的信息从短时记忆变成长时记忆，需要大脑中的记忆中枢（海马体）来巩固。在这个过程中，海马体需要判断这些信息是不是值得放进长时记忆，是不是值得长时间保存。如果隔了一个多月才进行复习，海马体可能就认为这个信息不重要，然后彻底地遗忘它，因此复习不要间隔太远。

◎ **重复复习的间隔期可逐步拉长**

什么叫逐步拉长呢？比如，第一天学习了，第二天可以复习一次，第三次复习应该在什么时候呢？不是第三天，可以隔一周再复习。第四次复习可能会离得更远，可以隔一个月之后再复习。复习的时间间隔逐步拉长，这样的复习效率是最高的。复习效率高是指花同样多的时间，记忆的效果更好。

利用考试来帮助记忆

我知道所有的孩子都讨厌考试，因为考试总是让他们紧张、挣扎、害怕。但是，考试是最好的学习工具。科学家做过一个实验，让大家用4种方法背英语单词。

> 第一种方法是每次都复习所有的单词，然后测试所有的单词；
>
> 第二种方法是只复习记错的单词，但是测试所有单词；
>
> 第三种方法是复习所有单词，只测试记错的单词；
>
> 第四种方法是复习记错的单词，然后测试记错的单词。

你觉得哪一种学习方法的效果最好？很明显，前面两种方法记忆效果最好。

前面两种学习方法的特点是什么呢？一种是复习所有单词，一种是复习记错的单词，但是要测试所有的单词，而不只是记错的单词。你会发现，虽然用前面两种方法都是有效的，但第二种方法是最优的，因为孩子只需复习记错的单词就能应对所有单词的测试，这样花的时间更少一点儿，学习的效果跟复习所有的单词是一样的。

◎ 复习记错的单词

复习记错的单词，其效果与复习所有单词相同，但是能节省时间。可以让孩子在错题本上把自己没记住的、没理解的知识记下来，随时复习一下，这样他就只用复习最少的知识，却能达到同样的效果。

◎ 测试所有的单词

测试所有单词，而不仅仅是记错的单词，这样学习效果会更好。对所有的知识进行测试，而不只是对以前没有掌握的知识进行测试，这样可以掌握得更牢靠、更全面。

同时，考试是一次重要的输出过程，通过考试，孩子把自己大脑里面的知识输出了一次。输出决定了记忆的效果，而不是输入。输入是学习课文、背单词、背句型等，每个人都在学习课文、背单词，都在输入，但是学习的效果完全不同。很多时候，这个不同来自孩子和家长怎么看待考试、怎么利用考试。

提取效应

提取效应就是如果主动地去提取记忆的内容，这样的内容会记得更牢靠。很多时候，我们学习的知识都装在大脑里面，想不起来就是因为提取困难。我们经常认为，记住的东西就好像放在抽屉中的东西一样，或者像放在图书馆里的书。其实信息不是这么静态地放在脑子里面的，它是动态的。怎么理解动态呢？首先，记住的东西会遗忘；其次，如果你去提取它、输出它，这个知识就会被巩固，同时会被改写。因为每一次提取，实际上是给了它再次处理这个信息的机会，所以我们要利用提取的机会来加深记忆本身。

关于具体怎么利用，我给几个小建议，家长们可以让孩子在学习时使用。

◎ 不需要详细地记笔记

上课的时候详细地记笔记会影响听课的质量，所以我建议孩子记笔记时只记简单的关键词，一是可以腾出时间来听讲；二是在老师讲的内容中迅速抓住关键信息这一点，本身也是有助于知识的吸收的。如果担心笔记记得十分精练会导致丢失很多内容的话，可以在下课以后马上总结。课后总结就是提取大脑中的知识，总结的时间可以很短，大约5分钟、10分钟都可以，但是它的效果非常明显，因为在提取的过程中及时巩固了记忆。

◎ **尝试给别人讲题目**

为什么有些"学霸"学得特别好？因为他不只是自己学，还经常跟其他同学交流。每一次他捋清思路给别人讲题，都是他从大脑里提取记忆的过程。每一次的提取都会帮助他记得更好、理解得更透彻，这就是很好地利用了提取效应。

◎ **换个地方学习**

可以让孩子经常换地方学习，不要总是在一个地方。不要总是在自己的书桌前学习，孩子完全可以拿着书本找一个安静的地方看书学习。为什么换一个地方看书会让他记得更牢呢？心理学家发现，当一个人换一个地方学习的时候，就相当于换了一个场景，提取记忆就相对困难一些。在很多时候，孩子不仅会记住学习的内容，还会把学习时的情景一起记住。换了情景后的提取记忆就成为一个挑战，但这个挑战会让孩子记得更牢。

◎ **交错式学习**

不知道家长有没有发现，老师讲课的时候特别喜欢进行批量式教学。简而言之，上午的课全是语文，下午的课全是数学，这就叫批量式教学。批量式教学确实让老师比较省事，因为他用集中的时间就把教学任务完成了，但是这种方式对孩子来说并不见得是好事。

因为我们的大脑在学习的时候，经常会产生一种错误的感觉，心理学上叫作知晓感。通俗地讲，就是我觉得我学会了，这是一种学习错觉。很多时候，老师采取批量式教学方式会更容易使孩子形成这种错觉。孩子觉得老师讲了这么久，好像听懂了，其实他的大脑只是熟悉了这个信息，距离他理解、掌握这个知识点还有一定的差距。知晓感会让孩子形成非常浅显的记忆，学习效果并不好，所以建议孩子采用交错式学习。交错式学习就是强迫他的大脑在不同知识之间切换。比如，上午孩子本来计划用所有的时间学习语文，但是家长可以建议孩子上午学习语文、数学、英语三门功课。交替学三门课程的时候，孩子的大脑在不同的知识之间切换，学习难度其实是增加的，很难形成知晓感，他的大脑被逼着去进行深度的信息处理，这时候的学习效果比批量式学习效果更好。

◎ **分散式学习**

分散式学习是指孩子如果有5小时的学习时间，可以把这5小时打散，把学习时间分成小块。比如，把5小时学习语文的时间分成五块，然后在中间插入一些其他的学习材料。分散式学习跟交错式学习听起来很像，但是实际上不一样。交错式学习是指内容要交错，分散式学习是指学习同一个内容，但要把时间拉开。一般在临近考试前效果较好。比如，孩子即将进行期末考试，距离考试还有10天时间，要考好几门科目。那么，这次语文学习和下次语文学习之间的间隔最好是多长时间呢？答案是总体时间的10%～15%。如果是10天的话，就相当于这一次学习语文跟下一次学习语文之间，要隔一天到一天半左右，这样的学习效果是最好的。

◎ 情感学习法

家长可能会注意到，我们的大脑很容易记住带有情感色彩的东西。因为当你有情绪的时候，海马体的活动会更加激烈，你会记得更牢，你的注意力也更加集中。这就是为什么一些非常愉悦的体验，或者非常恐怖、非常难受的体验容易被记住，因为我们的大脑就喜欢记住有情感色彩的事物。那么，怎么利用这个特点呢？

保持愉悦的心情。让孩子在平时的学习中保持愉悦的心情，不要带着负担、毫无情感地去学习，愉悦的心情能够促进记忆。

带着情感去学习。让孩子带着情感去看待所学的知识。这是什么意思呢？比如，学习中国的近现代史时，如果能够对先辈们为了振兴中华而努力奋斗的艰难历程感同身受，就能更好地记住历史细节。如果对科学家探索科学规律背后的坚毅故事有一定了解，对他们探索中百折不挠的心路历程有所体会，带着情感去看待这些科学发现，自然也会记得更牢一些。

这就是为什么很多"学霸"对自己所学的知识如数家珍，因为他对这些知识是有感情的，这就是"学霸"和"学困生"的差别。

让睡眠帮助孩子学习

◎ 睡眠是记忆巩固的过程

我们都知道睡眠是休息，但是你有没有想过睡眠其实也是学习的一部分，是保持记忆的重要阶段？当你睡觉的时候，大脑并没有停止活动，白天输入的所有知识都被打成碎片在大脑里进行整合。其实大脑中的海马体在睡眠的时候也在工作，它把白天记忆的知识碎片进行整理，形成长时记忆，存到大脑皮层中。所以，你以为睡眠是在休息，其实是大脑在完成形成记忆的最重要的一部分——记忆的巩固，巩固了以后才是长时记忆，你才真正学会了知识。

为什么我们会做梦？是不是经常觉得做的梦很荒诞？你可以发现梦里所有的要素都是你接收过的信息，因为信息在处理的过程中被打成碎片，并以随机的形式浮现在你的意识中，它们重新组合成了一个非常荒诞的梦，这就是梦的来源。但这也从侧面体现出，我们在睡觉的时候大脑一直在处理信息。

◎ 睡眠是记忆恢复的过程

你有没有这样的体验，睡觉之前有一道数学题不知道怎么解，或者对某一个定理理解不了，但是睡醒之后，突然发现这道数学题其实很简单，一下就解开了，或者突然发现你对定理的理解加深了？甚至你前一天弹钢琴的时候，某些曲子就是弹不顺，但第二天起来再弹就弹顺了，为什么呢？心理学家把这种情况叫作记忆恢复。

记忆恢复就是睡眠造成的，是信息在大脑中自动重新组合的结果。所以，睡眠不只是休息，它还是学习的一部分，它并不会增加记忆的数量，但是它会提升学习和记忆的质量。很多人在考试前经常熬夜，了解了睡眠的作用之后你应该知道，熬夜不仅损害孩子的睡眠，同时损害他学习的长时效果。即使他暂时记住了，但是考完以后再睡一觉，熬夜记下的东西全都忘了。所以我反对让孩子长时间熬夜学习，因为这会损坏他的长时记忆，长此以往，他的学习效果会更差。

◎ 睡多久才够

多少时间的睡眠才够用呢？没有一个准确的数字，因为个体差异极大。有些人睡四五个小时就够，有些人睡十一二个小时才够，更多人的睡眠时间介于两者之间。比如，对我来说，我睡7小时就能够保证白天精力充沛。所以你需要做一个判断，如果孩子睡8小时第二天不困，学习效率很高，这就说明休息时间够了。

◎ 睡眠前后的记忆安排

可以建议孩子睡前优先完成一些记忆类的科目，比如地理、历史这些需要记忆大量内容的科目。为什么呢？因为睡前的一两个小时是记忆的黄金期，这时候记住的知识在睡眠的时候会被巩固。孩子也可以在睡前看一眼那些暂时不会做的题，虽然还是解不开，但是有可能睡眠会帮他解开。所以睡前可以重温记忆类的科目，同时把不会的题再看一遍，然后再去睡觉。

睡醒后的早上是思维最活跃的时候。这个时候孩子要优先去学习的科目是什么呢？是像数学和物理这样需要思考的科目，而不是需要背诵的科目。学校老师经常让孩子早上起来背语文、外语，这其实是不科学的，早上学习对思维能力要求比较高的科目效果更好。

还有一段睡眠也不要忽视，就是午睡。其实人一天的觉醒水平是有高有低的，午睡时段是几乎全世界的人都会昏昏欲睡的时候，这时如果能午睡的话，也能够起到和晚上睡眠一样的效果。

还有一个记忆窍门也跟生活规律有关。你有没有发现在吃饭之前，就是你饿的时候，学习效果特别好？为什么呢？因为吃饭之前，大脑会分泌食欲刺激激素，它可以直接作用于海马体，使海马体的活跃度变强，这时候进行思考是最棒的，所以是学习的好时间，可以让孩子利用起来。而吃饭后血液集中在消化系统，存在于大脑的血液较少，所以有昏昏欲睡的感觉。

应对考试有妙招

对付考试，我最担心的是孩子不能很好地调整自己的心理。我见过太多的例子，平时学习特别好，但是考试考不好，很多时候都是心理问题导致的。那么，应该怎样克服考试焦虑呢？

其实焦虑的本质是身心分离，就是一个人的身体在当下，但是他的心在未来。这是什么意思呢？意思就是他对未来可能发生的事情、可能产生的后果很担心，过度担心的时候，他就焦虑了。考试的焦虑就来自于孩子怕自己考砸了，所有的不确定性都来自对未来结果的过度焦虑。当孩子焦虑过度的时候，他在脑子里考虑的是后果，他考虑得越多，他的表现就会越差。这和分析性瘫痪有点儿类似，分析性瘫痪就是指人思前想后，反而造成决策困难的现象。

分析性瘫痪，每个人都可能会发生。比如体操运动员，他的每一个动作都练过几万遍，根本不需要通过大脑的思考就可以自动地做出来。但是一些精英运动员，他们在上赛场的时候，有时脑子就好像短路了一样，突然不知道怎么做动作了。这种"梗塞"现象，其实和考场上发挥失常是一样的，即使练过一万遍的动作技能，在过度焦虑的情况下，也完全发挥不出来。

如果是在考场上或者马上要进入考场时，你想让孩子不焦虑，放松下来，有以下几种方法。

主动放松

握拳法。闭上眼睛，然后使劲儿握拳，感受指甲嵌到肉里的感觉，感受肌肉紧张的感觉，感受自己的血液好像被阻断了。慢慢地把手掌打开，感觉血液开始回流，手开始不麻了，反复地做30秒。

呼吸法。呼吸法其实也是冥想的方法。闭上眼睛，关注自己的呼吸，在吸气的时候，感受空气充满自己的鼻腔，通过气管，打开肺部，打开胸腔，然后缓慢地呼气，胸腔开始收缩，气体已经变热，慢慢地再从鼻腔里出来。反复做30秒，心情就可以放松下来。这是通过主动的动作，有意识地牵引自己的注意力，让自己主动放松。

被动放松

想象一个自己非常喜欢的自然场景。比如，我喜欢想象自己躺在海滩上，沙子是炙热的，它贴着我的皮肤，在我身体上面捻磨着，太阳照着我的脸庞，我戴着墨镜，感觉到额头和头发都被晒得热热的。可以让孩子想象任何一个他喜欢的场景，想得越生动、越具体越好，这能够帮助他放松，这种方式叫作被动放松。被动放松的方法对考前失眠也有帮助。

自我介绍

还有一个方法叫作自我介绍，它可以提升孩子的自尊和自信。你有没有参加过某些学校或者公司的面试？面试的时候，你会跟考官简短精练地介绍一下你自己，一般都在1分钟左右。一个比较吸引人的自我介绍只需要3部分：简述自己的天赋和能力，列举自己过去的成功案例，描绘自己的短期目标和长期目标。可以让孩子对着镜子用1分钟左右的时间完成这个自我介绍。

首先，简洁地描述自己的天赋和能力。假设孩子去参加一个数学夏令营，他要跟所有的老师和同学介绍自己。他可以这样说："我的名字叫×××，我为什么来参加这个数学夏令营呢？因为我喜欢数学，虽然几何学得不好，但是我的代数非常棒，我的计算能力也很好。"

其次，列举自己过去的成功案例。成功的案例就是人生的高光时刻，比如，之前某一次考试考了班上前几名。我们回到刚才那个数学夏令营的例子，孩子可以说："我在小学的时候，数学考过年级的前三名！那时候我只要不粗心大意，就能够拿一百分。老师还表扬了我，还……"

最后，描绘自己的短期目标和长期目标。还是以那个数学夏令营为例，孩子可以这么说："我来参加这个夏令营就是为了提升自己的数学能力，能够和各位学习数学的高手共同成长。我的长期目标是想考上一所工程类的大学，这样我可以把我的数学能力运用在工程上面。"

考试也是一样的，每个孩子其实是有一定的能力和天赋的，他可以描述一下自己的闪光点。然后，孩子可以讲自己过去考试的高光时刻，短期目标是正常发挥水平，长期目标是考上一所好的大学。当孩子每次大声、简洁地把自己这3方面的情况讲完，他就会有更强的自尊心和自信心，这对他短时间内克服焦虑、更好地应对考试非常有用。

告别无药可救的拖延症

为什么孩子总是一拖再拖

俗话说"明日复明日,明日何其多。我生待明日,万事成蹉跎"。其实在生活中经常发生拖延的现象,特别是在孩子的学习中。你有没有发现,孩子的暑假作业明明5天可以完成,但他就是不做,直到暑假还剩下2天的时候才开始动手,然后匆匆忙忙地完成?

你也可以想象一下,如果周末作业中有孩子最讨厌的作文,作文是不是会被他拖到星期天的晚上才开始写?其实拖延非常普遍,不光孩子是这样,成年人也一样。我举个例子,我们做科研的老师经常会参加一些会议,参会一般需要在规定日期上交会议的稿件。有研究者专门分析了交稿的时间数据,发现截止日期之前的很多天交稿的数量基本为零,一直到截止日期的最后十几个小时,交稿的数量急剧增多。所以不仅孩子有拖延症,成年人也有拖延症,科学家也有拖延症,甚至连研究拖延症的科学家都有拖延症。

这里着重讲一下孩子为什么会拖延。首先,孩子并不是对所有的事情都拖延，他不会对吃饭拖延，不会对打游戏拖延，不会对外出踢球拖延。拖延的事情一般都是需要费脑力、需要下功夫、需要费力一点儿的，学习就是这样的事情。为什么呢？因为我们的大脑不喜欢花力气，节省能量是大脑的一个底层机制，大脑只占我们体重的2%，但是它消耗我们所有能量的20%以上。你吃下去的饭20%以上交给了大脑。大脑没有办法，它要做的就是节省能量，比如拖延。

我们之前讲专注力的时候提到，其实我们大脑中无时无刻不在进行长期目标和短期目标的斗争，长期目标就是孩子要把这项作业做完，短期目标是刷视频。当这两个目标摆在面前的时候，经常是短期目标胜出，因为长期目标完成起来比较困难。这就是为什么孩子会越来越拖延。

改变拖延症的五大方法

如何才能克服拖延呢？有以下几种方法。

把大任务分解成小步骤

首先，让孩子对自己的任务进行分解，分解成一个一个的步骤。举个例子，我喜欢锻炼身体，但是冬天出去跑步对我来说非常困难，我极有可能拖延。为什么呢？因为外面太冷了。那么，我怎样对付这件事？跑步是一件大事情，但是我可以把它拆解成很多的小步骤。第一步就是下午2点换衣服，换衣服比较简单，我就坐在自己的电脑桌前，我没有任何理由不站起来换衣服，因为换衣服太简单了。下面一个动作是什么呢？准备我的运动饮料，这是顺手的事。然后开始拉伸肌肉5分钟，拉伸肌肉也是步骤之一，但这几个步骤很明显比出门到寒风中跑步容易很多，所以我就按部就班地把这些动作完成。完成了以后，我再也找不到任何理由不出门去锻炼身体了。明明是一件很容易拖延的事情，但是在进行拆解后，特别是先拆解出非常简单的第一步，就很容易启动了。在心理学上，犹豫、彷徨、拖延的原因是这个任务太难，孩子真的不想做，但是把第一步变得简单后，事情就容易解决了。

刚才的方法中有一个很重要的环节，就是提前进行了思考。我知道自己容易拖延锻炼，所以我提前思考了一下，把它拆解成了小步骤。如果学习很困难，比如，感觉写作文很困难，可以先想想写作文的第一步该干什么，或许是把纸放好，把笔准备好。第一段可能太难写，我可以先列一个大的框架，然后准备好具体的例子，最后再开始写文章的主体，这样就很容易启动了。重点在于我要思考先行，而不是行动先行。提前思考好，把写作文拆成一个个小步骤，这样就可以摆脱焦虑和恐惧。所以，对于任何容易拖延的事情，都可以引导孩子拆成小步骤，列一个清单，然后按部就班、专注地去做，就很难再拖延了。

给自己加点儿仪式感

让孩子用仪式来启动自己的学习行为。对我来说，每天的工作都开始于早上的第一杯咖啡，因为我坐在我的工作台前，把咖啡一冲，桌子上面放置的东西都按特定的顺序排列着，电脑在前面，书在左边，纸和笔在右边。当我一进入到这个工作环境，就好像开始一个仪式一样，我马上进入了工作状态，根本就没理由拖延。所以孩子可以给自己设定一些启动仪式，可以有自己的风格。比如，他可以把每天要做的事情手写下来，写的过程就是他的起步仪式。他的习惯可能是每做完一件事情，就在清单上划掉一件，这其实也是个仪式。仪式能够帮助孩子启动下一件事情。把它变成自己的习惯以后，孩子就不容易拖延了。

巧用工具做好时间管理

家长可以想象一下孩子学习时拖延的场景。假设今天是星期天，孩子要完成几个最重要的学习任务，包括写作文、做数学习题。这时他发现写字台比较乱，想在网上买一个收纳工具，又想起要准备第二天上学的衣服，还要看历史课外书。结果，实际的情况或许就是这样的，孩子觉得写作文和做数学习题比较困难，又看桌面太乱了，想要整理桌面就开始网购收纳工具。于是，孩子可能就不写作文也不做数学题了，而是花一两个小时去网购。还有读有趣的历史课外书，也可能让孩子拖延主要任务，耽误数学学习和写作。

刚才我列的所有事情，其实都有不同的优先级和重要性。我会给我要做的每一件事情定一个标签，这个标签有两个特性，首先它重要不重要，其次它紧急不紧急。写作文和做数学习题既重要又紧急的事，这是孩子最容易拖延的。整理桌面可能比较紧急，因为需要把桌面整理好了才能够开始学习，所以它紧急但不重要。还有准备第二天上学的衣服，它的确是星期天要准备的，但是它不重要，它属于紧急但不重要的事项。看历史课外书呢？它的确重要，但是它并不紧急，因为课外书什么时候都能看。还有一件事情既不重要又不紧急，就是网购收纳工具，因为这个东西只是用来清理桌面。你看，孩子的思绪经常被一些无关的事情引走，从而导致了拖延。

现在我们把每一件事情都进行分类，分成四个象限：紧急且重要，不重要但紧急，重要但不紧急，不紧急也不重要。

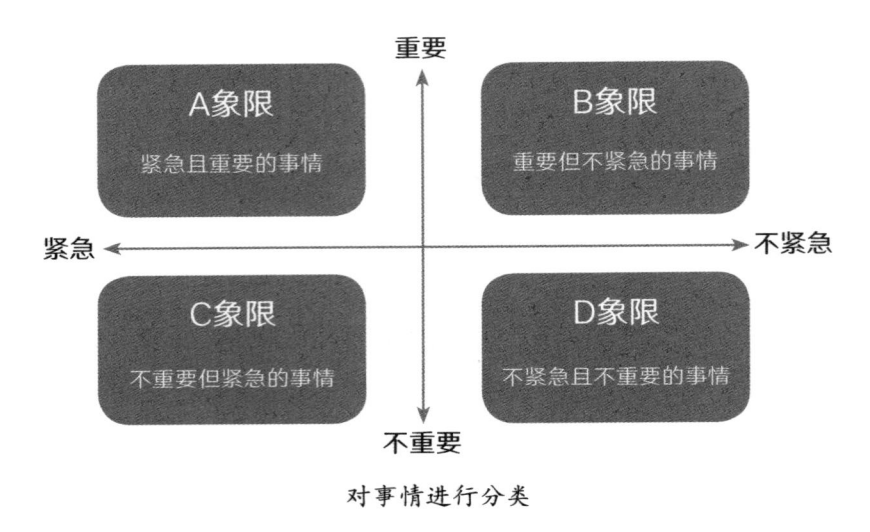

```
                    重要
                     ↑
    ┌──────────┐          ┌──────────┐
    │  A象限   │          │  B象限   │
    │紧急且重要 │          │重要但不紧│
    │ 的事情   │          │急的事情  │
    └──────────┘          └──────────┘
紧急 ←─────────────────────────────→ 不紧急
    ┌──────────┐          ┌──────────┐
    │  C象限   │          │  D象限   │
    │不重要但紧│          │不紧急且不│
    │急的事情  │          │重要的事情│
    └──────────┘          └──────────┘
                     ↓
                   不重要
```

对事情进行分类

在这四个象限里面，重要且紧急的事情要花50%的时间，不重要但紧急的事情大概花10%的时间就够了，既不重要又不紧急的事情花5%的时间就可以了，不紧急但是重要的事情，比如看历史课外书，可能花的时间会多一点儿。只有当孩子能够对事情进行归类的时候，他才不会因一些不重要也不紧急的事情分心。孩子应该把主要的时间用在最重要、最紧急的事情上，也就是他最容易拖延的事情，比如写作文和做数学习题。

如果能每次对所做的事情进行重要性和紧急性的排序，孩子自然能够更好地安排自己的时间。每天做事情的时候，应该最先做既重要又紧急的事情，也就是要花50%的时间的事情。刚开始学习的时候，是意志力最强的时候，这时候大脑需要的多巴胺比较少，不需要过多地去强化信息，就能够完成学习任务。如果首先把困难的事情完成一大部分，孩子的心里就会充满自豪感，这样更容易继续下去。

提升学习兴趣

我再教给大家第四个对付拖延症的方法，也是我个人特别喜欢的方法，就是提升孩子对学习的兴趣。孩子拖延的是学习，但是你要提升的恰恰是他对学习的兴趣。

◎ **提出开放式问题**

我们前面讲过，人脑不喜欢工作，但是人脑有一个特点是好奇心强。我们是这个星球上最好奇的生物，不是所有的动物都有好奇心，越是脑部发达的动物越有可能产生好奇心。好奇心是我们学习的内部动力。所以，如果想要孩子提升学习兴趣，就要利用他的好奇心。在他学习的时候，家长可以提一些开放式的问题，让他去了解知识点背后的故事，用好奇心牵引孩子去学习。

什么是开放式的问题呢？开放式的问题就是没有标准答案的问题，却显而易见，问题比较大、比较开放。比如，在中国历史上游牧民族经常和农耕民族之间发生冲突，那么家长可以问类似的问题，如：为什么农耕民族和游牧民族必然发生冲突？为什么时隔几百年就会爆发一次冲突？当你问这些问题的时候，孩子就会重新去看待那些历史知识，寻找这些问题的答案，自然就会主动地把历史学得透彻。你也可以提其他问题，比如，中国在明朝的时候科技发展水平比较高，但是为什么工业革命没有发生在中国，而发生在欧洲呢？当你提出了这个问题，孩子就会把世界史和中国史融会贯通起来去思考。这个问题没有标准答案，但是它会激发孩子的好奇心，激发孩子对历史探索的兴趣。

◎ 给孩子一个输出的窗口

什么叫输出的窗口？孩子把大量的知识储存在自己的大脑里，但是如果他只是在应付考试时才输出知识，那么他学的知识便没有用武之地，他的学习兴趣自然就会降低。但是假设孩子需要在全班同学面前作一个关于游牧民族和农耕民族冲突的演讲，一旦有这样的输出需求，他自然就会去深度地学习更多的知识。这就是为什么老师在备课的时候，会发现当年学的好多知识都没有学明白。因为他们有了输出的需求，这种需求会迫使他们去真正地厘清相关知识。

一样的道理，如果孩子有输出知识的需要，无论是演讲、考试，还是写作，或是像老师一样教课，学习的兴趣自然就会上涨。很多孩子喜欢写读书笔记，除了给自己看，如果还能放到网上给其他人看，让大家去点评，这样就更好，因为大家对孩子的赞赏就是他学习的动力。输出可以给我们带来愉悦，如果在完成长时间的学习任务之后进行输出，让学习成果有一个很直观的呈现，他会获得成就感，学习兴趣也会更浓。

◎ 寻求外部的监督

假设孩子要做的事情比较困难，他很可能拖延。家长可以让孩子把学习的目标和计划告诉别人，比如他的老师、同桌或者父母。为什么让他说出来呢？因为孩子告诉别人的时候，就相当于作出了一个承诺，立了一个flag，它能够很好地督促孩子完成挑战，这叫作寻求外部监督。

你可能注意到在网上有一些学习打卡小组，当孩子加入一个学习打卡小组时，自然就获得了外部的监督。有了外部的监督，个人的拖延、偷懒就变得困难了。很多时候为什么孩子的学习效果差，容易拖延呢？就是因为没有外部监督。比如，上网课的时候，没有和同学们在一起，没有老师监督，网课的老师并不知道孩子的学习情况，这时候外部监督是最薄弱的。在网课普及的现在，学校依然存在，为什么不能让孩子在家学习呢？因为他在学校里可以跟同学、老师在一起，在这个团体里有外部监督，就很难产生惰性，很难拖延。

◎ 成为成长型心智的人

人可以粗略地分为两种。第一种人在学习一项新的技能时，会迅速地作出判断，辨别自己是否擅长这件事情。而第二种人，他的心态是他可以学任何东西，虽然他可能暂时不擅长，但是通过学习绝对可以掌握。这是两种完全不同的心态。

我刚才说的第一种人，碰到挫折的时候，他在乎的是别人会不会觉得他比较笨；第二种人碰到挫折的时候会想："我即使会碰到挫折，即使会失败，我也能够从失败中学到新的东西。"第一种人不喜欢挑战一些困难的任务，也不喜欢被别人挑战；第二种人特别喜欢挑战自己，喜欢新的、有挑战性的学习任务。这两种人对待失败、对待挑战的态度完全不一样，第一种人的思维叫作固定型心智，它的底层逻辑是人的智力和能力很难被改变，擅长或者不擅长都是被固定的。

第二种叫作成长型心智，这种人认为自己可以做任何事情，喜欢挑战，也不惧怕失败，因为无论成败都能从中学习到更多东西。

同理，这两种人对待学习的态度、兴趣也完全不一样。第一种人如果在学习时碰到挫折，极有可能会退缩，因为他怕丢脸，怕得不到想要的结果。而第二种人不害怕失败，他的目的就是提升自己，因为他相信自己的能力是可以逐步发展的，相信自己的心智是可以成长的。你可以问问孩子是要做成长型心智的人，还是要做固定型心智的人？

北京大学的学生里面也不乏固定型心智的人。这种学生在北京大学会非常难受，因为他从小到大都认为"我是第一""我最聪明""我是学校最棒的学生"，而到了北京大学之后，各方"尖子"会聚，就会很受打击，他会发现自己各方面很难是最棒的，还可能是班里倒数。那下一步应该怎么做呢？是爬起来更加努力，还是接受命运的安排？人和人之间就开始显现出差异了。不光是北京大学，所有的高校都会存在这种情况。

当然，成长型心智是可以培养的。家长可以从小培养孩子的这种心智，夸孩子时不要夸他聪明，要夸他努力，夸他对学习的兴趣，让他喜欢奋斗的过程，而不是结果。如果永远是结果导向的话，他就认为家长在乎的只是结果，不想接受挑战。如果他清楚目标不是结果，只是为了提高自己，那么挑战结果就会变得无所谓，因为他主要是想从挑战过程中学到新的东西。

《超脑少年团》这个节目中的选手们为什么这么优秀？因为他们中的绝大多数都是学习型、成长型的，只要看看他们各自的表现就很容易发现。那些做错题、做得慢的孩子,他们的眼睛里反而在放光,"这个好玩""我一定要把它做出来",其实这就是兴趣、好奇。他脑子里想的是提高自己,学会这个知识,他没想过这道挑战题如果完不成会不会很难看。

从学习的兴趣来看,固定型心智的人一般学习兴趣比较低,他只想做自己擅长的事情。而成长型心智的人对所有的学习科目都比较好奇,他能够接受失败,对所有东西都有信心、有兴趣。所以我们应该引导孩子从小努力成为成长型心智的人。

把优秀变成一种习惯

我前面讲了对付拖延症的四大方法,但是对付拖延症最高阶的方法就是——把优秀变成一种习惯。其实拖延是一个时间安排的问题,我们人脑对时间的感知力非常差,如果不借助钟表,就不知道现在是几点几分。如果孩子能够对自己的时间有更好的规划,在当下就做当下的事情,不管它多困难都会把它完成,这样孩子就会养成时间规划的习惯。在某一个时间点之内,无论所做的事情多么困难,都要专注地去做完,然后再做下一件事情。孩子的学习和生活就是一个一个的事件串联起来的,虽然孩子对时间的感觉很模糊,但是养成了时间管理的习惯后,就能够高效地度过每一天。

真正的时间规划就是没有规划,良好的习惯能够指导孩子学习和生活,这就是我们经常说的"优秀就是一种习惯"。我上面介绍了对付拖延症的四种方法,孩子学会后进行内化,再反复练习,最终会进入第五个阶段:把优秀变成一种习惯。

找准兴趣与潜能，做好迎接未来的准备

为什么要关注专业与兴趣

找到专业兴趣应该是教育中最重要的部分，因为教育的目标是把孩子培养成一个专业的人。你会发现从大学专业开始，到后面研究生专业，甚至到博士专业，就读的专业是越来越窄的。比如，你本科专业学的是物理，但是研究生专业可能是应用物理，到读博士的时候，可能研究的是一种特殊的材料，比如碳纤维，你会发现专业越来越聚焦。

这就对学业选择提出了更高的要求。孩子在高中的时候要选科，上大学的时候要选专业，这些人生中重大的选择题，经常要在短时间内做出一个回答。比如，高考之后让孩子选专业的时间只有一两周，那怎样让他在做重大决策之前就了解自己的专业兴趣到底是什么？如何才能把专业兴趣和个人潜能结合起来？

这是家长和孩子很早就需要注意的问题。现在大学的专业对口性特别差，80%的学生毕业之后，工作岗位跟他的大学专业没什么关联。我自己作为北京大学的一位招生老师，经常发现一些所谓的"学霸"，他们中的一些人并不清楚自己的兴趣是什么，他们的老师、家长也基本不清楚，所以我们应该提前让孩子做生涯规划。

生涯规划在发达国家是一个通例。在英国，职业启蒙设定在13岁；在日本，职业启蒙甚至提前到了幼儿园；在美国，《国家职业发展指导方针》中规定职业启蒙从6岁开始。

我们国家中学的生涯规划教育已经慢慢兴起。"生涯规划前置"意味着我们对专业的规划提前到了高中，对选科目的规划提前到了初中，而对兴趣的规划则要提前到中小学。

为什么这么早就要考虑专业和兴趣？因为这对学习很重要，学习应该从未来看当下，这样才能够提高选择的效率。如果孩子能够知道自己未来想成为什么样的人，就可以从当下开始脚踏实地地努力。如果孩子能够了解未来的社会需要什么样的人，就能够知道其中的契机和变化，并反馈到自己的成长过程中，进行适时的调整。

大量的研究表明，一个人在自己喜欢和擅长的领域，成功的概率会大大地增加。这其中，"喜欢"和"擅长"对应的就是"兴趣"和"潜能"。兴趣能够给人提供源源不断的动力，让人拥有持久的学习力。在人生的赛道上，能力代表着我们有没有可能在选择的赛道上走下去，而兴趣就是能不能坚持走下去的关键。

我们经常说人生是长跑，但也要选择正确的赛道。有句话说，我们应该"干一行爱一行"，其实这句话说反了，这个时代应该是"爱一行干一行"。如果你对自己人生的专业兴趣有所了解，你就能做到"爱一行干一行",而不是被动地接受"干一行爱一行"。

所以,我们现在反思一下,很多家长会送孩子去兴趣班,但这些兴趣班往往是家长认为孩子喜欢的,过了一段时间家长发现孩子不想学了,但是学费不能白交,之前投入的时间也不能白费,所以开始逼着孩子学不感兴趣的东西,这样孩子就丧失了兴趣。过多的兴趣班会消磨孩子的兴趣,可能让孩子对所有事物的学习都失去兴趣。在家长急迫和混乱的选择当中,他可贵的兴趣萌芽或许就被扼杀了。兴趣可能会对孩子的将来有所帮助,但并不一定要成为他的职业。很多家长指望孩子样样精通,这是不对的,这样只会给孩子带来更多的压力。

兴趣丧失的负面影响

拼命学也学不好。如果孩子没有找到真正的兴趣,没有被兴趣驱动,就很难坚持学习或战胜挫折,会陷入没兴趣、学不好的恶性循环中,慢慢地开始对学习产生反感,出现厌学心理,甚至会走向反面,彻底丧失对学习的兴趣和快乐。

让孩子成为没有梦想的"空心人"。没有梦想,孩子会成为没有理想和方向的"空心人"。这个现象在很多高校中经常见到,包括北京大学、清华大学这样的高校。我的同事北京大学心理学院的徐凯文老师就提出过"空心病"的问题。他观察到大学里很多孩子从小成绩优异,一路考试"开挂",最终考上最顶尖的学府。但是上了大学之后,他一时间不知道自己该做什么,因为从小到大,家长只关心他的学习成绩，并没有关心孩子真正的兴趣是什么，孩子也不知道自己热爱什么、想做什么，久而久之就成了一个内心没有方向的"空心人"。这种"空心病"其实是一种人生的失败，也是巨大的教育浪费。

如何寻找兴趣

我希望家长引导孩子看看下面的一系列问题，帮助孩子找到自己内心的兴趣。

问题1：在进行某种活动的时候，你是否感到愉悦？感到愉悦的程度有多深，持续了多长时间？

提示：长时间感到愉悦的活动可能就是你的兴趣。

问题2：做什么事情时可以让自己心无旁骛、极度专一、雷打不动？

提示：能让你长时间保持专注的事情可能就是你的兴趣所在。

问题3：在平日的实践中，你是否对某些事物有强烈的渴望？

提示：如果你迫不及待地想上一门课，这可能是你的兴趣。

问题4：有什么事物是在身边/网络/媒体上看到、感受到时，都会像第一次接触那样震撼、让自己不自觉地心潮澎湃？

提示：如果每次接触到这个事物，自己都不自觉地心潮澎湃，这可能就是你的兴趣。

我刚才只列举了4个问题，如果用量表去探寻内心的兴趣，还会有许多问题。比如，有什么事情可以让孩子止不住地好奇，不断地想发问，并且要"打破砂锅问到底"？如果他曾有这样的表现，说明他对这一方向感兴趣。你还可以问问孩子，有什么样的事情即使过程让人感觉不舒服，也会咬牙坚持去做？有什么样的事情即使失败了，但如果再来一次，他还是会选择去做？这样的事情可能就是他的兴趣所在。当然，也可以鼓励孩子去问一下同学和老师，看看在他们眼中他是什么样的，参考别人的评价，可以从中得到启示。为什么需要别人的评价呢？因为孩子经常看不清楚自己，而透过他人的眼光可以全面地、辩证地了解自己的兴趣。

若要寻求上面这些问题的答案，就要让孩子去接触不同的事物，多参与不同的活动。在这个过程中，让孩子自己跟自己对话，与周围的人互动，这样就会有更多的方式去挖掘他们自己的兴趣，挖掘各种可能性。

作为孩子的父母，你还可以通过日常生活观察孩子的兴趣。

不带目的、不带功利性地和孩子一起玩耍。在玩耍中找到孩子的兴趣和蕴藏的潜能。你会发现，有些孩子对美妙的音乐感兴趣，有些孩子对美丽的图画感兴趣，有些孩子在运动中感到畅快淋漓，有些孩子在很多人面前讲话时会感到满足，并有成就感。这些兴趣会让他们对自己的行为表示认同并且更加自信。

观察孩子进行某种活动所持续的时间。很多时候他的兴趣不会持续超过3分钟，如果时间不够长就说明那不是他真正的兴趣。你还需要注意孩子完成活动的质量，并且留心孩子平时强烈的渴望。

伊能静在节目中曾提到她的儿子和女儿的兴趣，她的儿子是在美术馆长大的，女儿是在演唱会的后台长大的。为什么这样说呢？因为她观察到儿子平时特别喜欢画画，女儿特别喜欢唱歌，所以她把孩子带到合适的场所去验证，发现孩子确实有自己的兴趣。我非常钦佩伊能静在育儿方面的实践。作为一个妈妈，花心思去观察孩子的兴趣是非常好的。

怎样培养孩子的兴趣

如果孩子发现了自己的兴趣，或者如果孩子还没有发现自己的兴趣，可不可以培养兴趣？答案是可以。我教给家长几个方法。

让孩子树立积极的期望。从改善孩子自身的心理状态入手，家长可以让孩子想象自己对某一学科感兴趣，想象中的"兴趣"会推动他认真学习该学科，从而对该学科真正感兴趣。比如，孩子暂时不喜欢某门学科，家长可以鼓励孩子对自己充满信心，相信这门学科是非常有趣的，相信自己可以很好地掌握这门学科的知识，让自己充满期望。孩子对自己进行这样的心理暗示，可以增加自信，有助于培养对某门学科的兴趣。

让孩子了解学习的意义。不管是喜欢什么样的专业，学习的过程都需要长期艰苦的努力。这种艰巨性经常让人望而却步，但是如果孩子对某一个学科或者某一个方向的个人意义和社会意义有更深刻的理解之后，他就会产生兴趣。我身边很多人的经历都是这样的，他们从小就决定投身于某一个领域的科学研究，他们知道这个领域对个人和社会的意义后，就会产生更强的自驱力。

培养孩子的成就感。家长可以引导孩子，告诉他学习某些学科的时候，每完成一个目标，他可以给自己相应的奖励。很多时候孩子进步了，但是老师和家长并没有看到，这个时候孩子可以给自己奖励，巩固自己的行为，这有助于产生自我成就感，只有这样才能够在潜移默化中建立兴趣。当然，这种奖励可以分层次，完成一个小目标给一个小的奖励，完成一个大目标给一个大的奖励。

引导孩子进行兴趣转移。如果孩子对一些事物有兴趣，家长可以引导孩子在这个基础上产生新的兴趣，特别是对某些学科的兴趣。比如，孩子对看书和看电影感兴趣，他可以通过多读、多看，增强写作和阅读方面的能力，慢慢地对语文产生兴趣。还比如，很多孩子喜欢打游戏，就连带着去学习编程。节目里的好几个少年都在备战间里玩自己用程序写出来的游戏。

在日常实践中巩固兴趣。孩子经常在学某些学科或者专业的时候，只是一个劲儿地学，并没有一种获得感。但是如果所学的知识能够帮助他解决生活中的实际问题，他就会对自己的所学更有认同感，也更有成就感。这样有利于兴趣的养成和持续性的发展。比如，孩子的英语不错，他在日常生活中有一次用英语帮助了一位外国游客，他就会获得成就感，觉得自己学英语是有实际作用的。

用问题来引起兴趣。对于很多学科和专业，家长可以鼓励孩子多提出一些问题，问题可以引起好奇心，好奇心就是兴趣的来源。也许一开始孩子是带着一些目的在问问题，但是当他发现他可以不断地发现新问题，不断地去探索和解决问题时，他就会被这个学科或专业所吸引，在不知不觉中产生兴趣。

最好的发展方向是将兴趣与潜能结合

我们讲了怎么寻找兴趣、怎么培养兴趣，找到兴趣之后，还要注意孩子的兴趣是不是跟他的潜能相符合。只有把兴趣和潜能结合起来，才可能是孩子最好的发展方向。

什么是潜能

潜能就是潜在的能量，它指的是我们人类原本就具有但还没有被开发的能力。著名心理学家麦克利兰于1973年提出了一个模型——冰山模型。他认为一个人呈现出来的知识和技能只是冰山露出水面的部分，这部分容易被了解和测量，但是它只占这个人能力的20%。而他真正的内在特点、内在性格、内在能力，是在水面之下的80%。所以冰山模型展示了暴露在外面的显能和潜能之间的巨大差距。我们每个人都有巨大的潜能，所以每个人都可以比现在的自己更好，只是还没有发现。

怎样帮助孩子发现潜能

首先，观察孩子平时的行为和表现。擅长不同领域的孩子所表现的行为是完全不一样的。数学逻辑比较强的孩子表现得好问。研究发现，许多发明家、数学家从小就比同龄人问的问题更多一些。我们还要观察孩子在哪些事情上比别人更擅长，做哪些事情不费力，而且一般都比别人做得更好。

其次，要观察孩子有哪些出乎意料的惊人之举。他不同于别人的地方，就可能是他的潜能。

最后，作为家长，还要带孩子多看世界，参加丰富的活动，让他接触新鲜的事物，刺激不同的感官，给孩子带来更多的感受。如果仅仅待在家里，发现孩子潜能的面就比较窄。

怎样对孩子进行生涯规划

我们知道了兴趣，也知道了潜能，那我们该如何对孩子进行生涯规划呢？非常简单，应该以兴趣为主，能力为辅。

兴趣是第一位的，有兴趣才能学好。但是仅仅凭兴趣去选择，而不顾孩子是否拥有相应的能力，最后的结果可能是孩子很努力地学，但还是达不到目标。举个例子，如果孩子喜欢玩电脑，并不等于他适合计算机专业，也不等于具备学好计算机专业的能力。因为计算机专业可能需要很好的数学能力，不光是会玩电脑。

当兴趣和潜能相匹配，你的孩子将会找到最适合自己的道路，他的成长也会得到一份正确的答案，从而插上一对有力的翅膀。

所以"兴趣"和"潜能"应该是我们教育的关键词，我们的人生就像一场长跑，把孩子放在同一起跑线固然很重要，但是方向更重要。只有确定了正确且合适的方向和目标，孩子才能够心无旁骛地奔跑，不会犹豫不决，不会走弯路，不会走回头路。只要目标明确，优秀的孩子就一定能跑出成绩。

要让志趣相符，让青少年平稳地完成从学生阶段到社会的过渡，一定的生涯规划必不可少。一个人如果能够从事自己热爱且适合的工作，在职业中找到成就感，并创造出成绩，那么对个人、家庭和国家来说都是一件非常有意义的事情。

第 3 章

3

解锁未来八大能力，用成长型心智去迎接未来

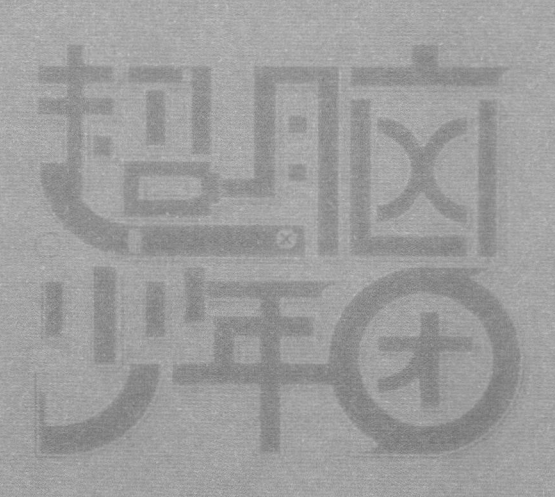

未来社会到底会变成什么样子？如果不是出现在科幻小说中，我们其实很难进行准确的描述，但我们可以清晰地知道，未来社会一定是比现在更加发达的科技社会、文明社会。因此，在《超脑少年团》节目中，我们最终确定了面向未来的八项能力——抽象力、逆行力、团队协作力、分解力、评估力、创造力、担当力和解析力，我们认为这八项能力或许会成为立足未来社会的基本能力。这八项能力中有一些是非智力因素，但也是十分重要的生存本领。

《超脑少年团》的每一期节目都会解锁一项能力，观众们将跟随选手们的一次次挑战，揭开这八项能力的神秘面纱。我们也会在本章中跟大家分享这八项能力究竟是什么，选手们经历了怎样的精彩挑战，以及在现实生活中到底可以用什么方法帮助少年锻炼这八项能力。

抽象力：透过现象找到规律的能力

对应挑战项目：《来自星星的TA》

《来自星星的TA》现场挑战

《来自星星的TA》舞美图

能力定义

抽象力是指从大量复杂信息中提取关键核心信息，发现事物之间的共性，从而找到规律并进行归纳总结的能力。

能力阐述

抽象力体现了一个人的综合能力，是一种"元能力"，一个抽象力强的人能透过现象抓住本质。抽象力需要对大量具体事物进行观察分析，并找到相同之处，从而达到提高效率的目的。

当我们遇到从未见过的事物时，如果能够运用抽象力寻找记忆中的知识，将其与现有的事物联系，作为解决问题的关键要素，那么我们做事的效率将会大大提升。

抽象力是授人以渔的"渔"，是万变不离其宗的"宗"。

能力解锁

在挑战项目《来自星星的TA》中，现场每位选手的电脑里都会收到飞机上的100乘客的票据信息，票据信息有40%左右的缺失，现场的机舱中则悬挂了与100位乘客有关的1000张实体票据。

在第一轮挑战中，选手通过题目已知确认感染星尘的5位乘客和确定没有受到感染的5位乘客信息，他们要结合乘客的票据信息，推断出在剩余的90位乘客中最先感染的那5位乘客。

在第二轮挑战中，在选手找出最先感染的5位乘客后，又新增了200位乘客的相关票据信息，要求选手快速找到这些乘客中的第一位感染者。

抽象力实际上就是指当收到海量信息时，能迅速抓取出关键的信息，并能够解释它的意义是什么。

在节目组的第一个比赛《来自星星的TA》中，海量的信息就是节目中呈现的1000张票据和对应的100名乘客的信息表格，它们的背后就是我们眼睛看不见的人际交往的网络。只有通过接触地点和接触时间构建起这个网络，我们才能够厘清人际关系，画出交互的时间线，找到哪5位乘客是最初被感染的人，并且找到最终的感染源。

我们看到每个孩子做题的思路都不相同，有的孩子是先去填充表格里的缺失信息，然后再去分析；有的孩子是先通过已知信息分析和推导感染链条，当遇到空缺信息时才去寻找票据补充关键信息。他们的方法也不完全一样，有的是通过人际网络排查，有的是通过时间轴推理。他们使用的工具也不一样,我看到现场的孩子有的用Python编程软件,有的用C++,还有一部分孩子用Excel表格的功能函数,也有的孩子用纸和笔进行演算和图解。虽然他们在方法上是"八仙过海,各显神通",但本质上还是谁能运用抽象力,谁就能在大量信息的挑战中占得先机。

其实,孩子的抽象力需要从小慢慢培养。举个例子,我们为了教孩子认识数字4,会摆4个苹果或4个梨,这就是在展示4的概念。孩子是从具象的东西中抽象出概念、规律,然后他就可以用这个抽象的概念去表征具象的东西。超脑少年们的抽象力非常强大,他们能够把看似庞杂的任务——1000张票据、100个人之间看不见的人际网络都勾勒出来。

强大的抽象力不是与生俱来的,而是通过表象的积累得来的,表象是孩子抽象力的源头活水。在幼小衔接阶段,很多孩子让妈妈们感到最头疼的就是教他们数学。其实,理解数学的逻辑要靠具象的关联和总结。所以,家长在教数学的时候要避免抽象化,对幼儿或低年级的小学生来说,刚开始接触数学的时候可以先从数的具象关联开始,再进入真正的数的思维。

另外,家长们还容易进入一个误区,就是在解答小学生的应用题时,习惯通过方程来解题。比如,有一道应用题是这样的:小张有3元钱,他再凑多少钱才能买得起6元钱的小汽车玩具?很多家长一开始就用$3+x=6$来教孩子,问孩子x是几。家长对未知数x有一定的认知,但是小孩子不知道这个概念,所以大人教低年级孩子做数学题时,要尽量避免用到高年级的知识点和公式,而要形象地去给孩子解释。

有的数学老师教学经验非常丰富，他教孩子学习抽象公式的时候会用具象的方式告诉他们如何证明，比如，教孩子学习代数中的公式时，他会用几何图形来证明。举个例子，平方差公式：$a^2-b^2=(a+b)\times(a-b)$，乍一看有点儿难理解，但是用一个几何图形就可以证明，它的几何方法推导过程是这样的：

如下图所示，有两个正方形，边长分别为a和b，求阴影部分的面积。

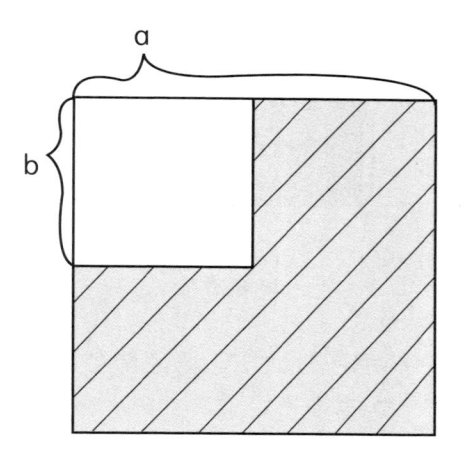

显然，阴影部分的面积有两种求法。

第一种方法：

阴影面积＝大正方形面积－小正方形面积

即，阴影面积＝a^2-b^2

第二种方法：

将阴影部分分为红色部分和蓝色部分。

红色部分的面积为长×宽,即:(a-b)×b

蓝色部分的面积为长×宽,即:(a-b)×a

解题思路

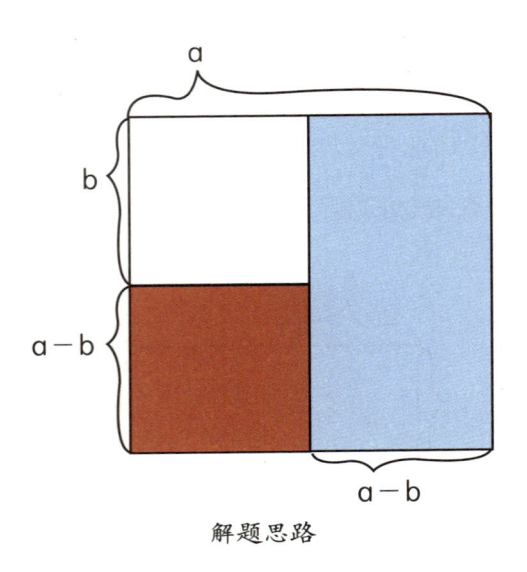

阴影部分面积＝红色部分面积＋蓝色部分面积＝(a-b)×b+(a-b)×a

　　＝(a-b)×(a+b)

因为第一种方法和第二种方法都是计算阴影部分面积,所以它们的结果是相等的。

所以:a^2-b^2＝(a+b)×(a-b)

所以平方差公式是成立的。

抽象力强的人往往在很多事情上能够举一反三,一点就通,知道哪些成功的经验可以复制,哪些失败的教训需要吸取,能够把之前学习的知识融会贯通。在学习、工作和生活中借用抽象力，才能更深刻、更正确、更完全地反映客观事实，更接近事物的本质，找到共同点，解决相似或者看似不相干的问题。

在建筑行业，如果想要盖一栋楼，建筑师首先会提出自己的想法，在脑海中构思这个建筑的样子，然后想怎样去实现它，怎样去完成真实的搭建。这些看似是一步一步来的，其实当这个想法产生时，脑海里可能已经完成了所有步骤。这是一个从无形到有形的过程。

大数据分析与抽象力也有紧密的关联。我们每天都在说大数据分析，但很多人都会觉得大数据离他们很远，其实不然。疫情期间处理人员流动的数据，出租车平台分配出租车载客的数据……如果不及时去处理当天的这些数据，就会越堆越多。一天下来，一个城市的各类数据用一个足球场的硬盘也装不下。

孩子每天的学习也会涉及大数据处理，如果不及时处理当天学的知识，不去抓住学习内容的精髓，不找关键信息，就无法消化累积起来的各种知识。孩子必须用抽象力学习知识的内在联系，才能记牢，真正掌握知识。所以，抽象力是极其重要的。

计算机只是帮助我们更好地了解这个世界的变化趋势，最终社会的发展还要靠人来思考，需要我们的大脑具备超强的抽象力，而不是过分依赖计算机。

现实世界中有很多东西其实是看不见的，科学家把其中一些叫作客观规律，但规律本身从来没人看见过。古人在观察星星的时候，通过日夜交替、年月流转，总结出星星的运行规律。后来，牛顿发现了万有引力，成为人类的重大发现。万有引力的公式非常简单，但是这个抽象的公式是通过无数次具象的观察才得到的。一旦获取了抽象的知识，人类的文明就前进了一大步。我们站在巨人的肩膀上，不仅需要学习他们总结的知识，更要学习他们获取知识的方法。

逆行力：在逆境中迎接挑战的能力

对应挑战项目：《主宰！星际灯塔》《制霸！星辰大海》

《主宰！星际灯塔》现场挑战

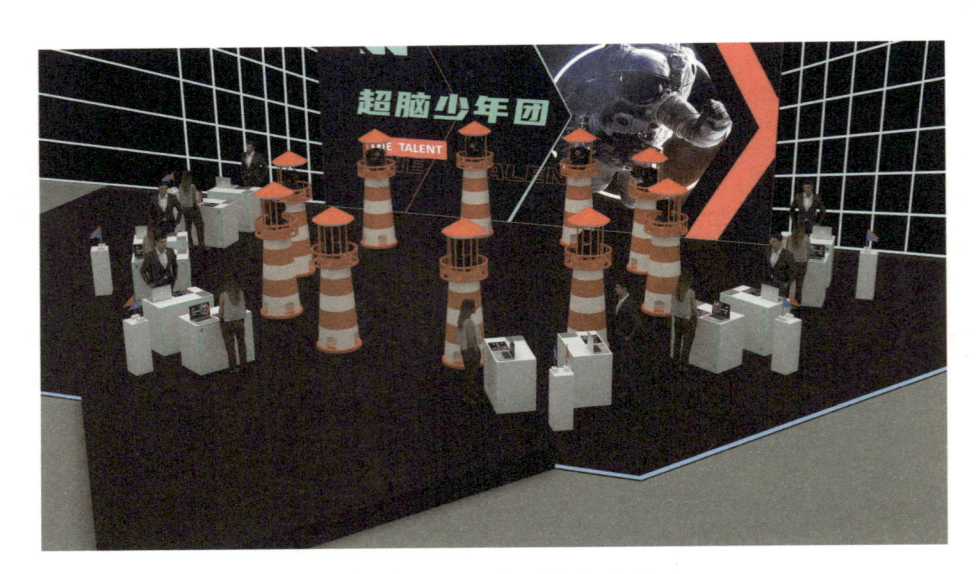

《主宰！星际灯塔》舞美图

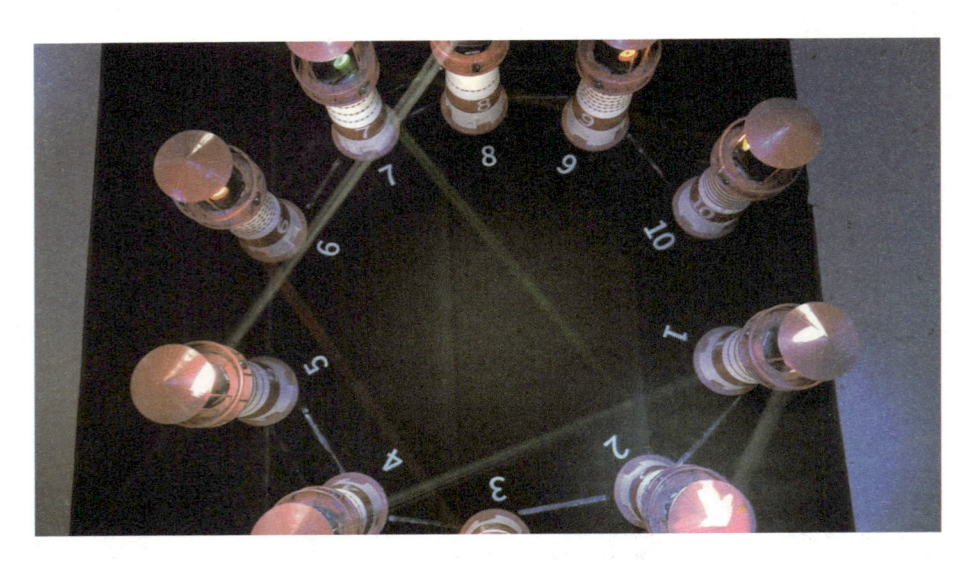

10座灯塔相互照射

能力定义

逆行力是指当一个人面对强大的压力而处于绝望中时，克服内心的挫折感，接受自己的不完美，保持积极的心态去迎接挑战的能力。

能力阐述

逆行力的背后是一个人逆商的体现。逆商高的人，往往能够在逆境中绝处逢生，更擅长应对突发状况。对失败的恐惧让很多人不敢做有风险的选择，但现实是你即便不冒险，也要被动地接受意外的发生。与其规避失败，不如提高自己的逆行力。

提高逆行力的首要任务，是要有相信自己的能力，相信自己可以解决当前的问题，相信当下的问题对自己来说简直不值一提。面对生活，需要拿出像战士一样的气势，而不是自我否定。把困难当成自己的朋友，通过不断的尝试，让逆行力成为核心竞争力。

选手作答《制霸！星辰大海》

能力解锁

现在社会上称呼那些非常厉害的孩子们为"三高",说他们是从小伴随着"三高"长大的。第一高,是爸爸妈妈给孩子极高的期待;第二高,是高自尊,在这些孩子心中,自尊水平被拉得很高;第三高,就是高标准和高要求。孩子在任何方面,只要离完美还差一点儿,爸爸妈妈的心中就感到极其不适。这些"三高"孩子在比赛、考试中可能会有很优秀的表现,可一旦遭遇挫折和失败,碰到没有达到完美的瞬间,他们就容易成为一击即溃的孩子。

伴随着"三高"而来的是低逆行力,所以在这里给所有孩子和父母的建议是:一定要记住,有的时候完美是一种追求,但到了某种程度,完美就是一种束缚。你总在追求完美的路上迷失自己,总在反复纠结那一部分,就容易被微小的扰动所击溃,从而损失人生中非常宝贵的东西。我们招募选手时也有这样的情况,有些孩子对自己的要求非常高,他做5道题答对了4道,就觉得自己不够强,可能会失败,放弃来参加节目。但有些孩子第一次只做对了2道题,他觉得自己居然通过了2道题的考核,自己还是有希望的。于是他不懈努力,经过一遍遍的尝试,终于做对了剩下的题目,勇敢地来到节目中迎接挑战。所以,什么样的培养路径就会造就孩子什么样的处事方式。

在《制霸!星辰大海》的挑战中,也着重体现了逆行力。这道题需要不断地尝试手动计算、推理,发现错误后从头再来,直到最后画出正确的路径。我相信这个挑战如果让这些孩子用计算机编程来解决,可能只需要十来分钟,甚至更短,但是为什么一定要让他们用手算呢？我们可以用宇航员在空间站进行的工作来解释一下这个问题。我们中国的空间站进行飞船对接的时候，即使是对接不同的飞船，也完全可以实现自动化，但是每一位宇航员还要花几百个小时，甚至上千个小时练习手动对接。为什么要练习手动对接？因为机器出错的时候，我们要靠自己的脑力来解决问题，不能够过于依赖机器。这是逆行力最好的表现。所以，在这道题上，我们没有给他们提供计算机，让他们通过不断试错，在挫折和探索中找到正确答案。

孩子在成长的路上，必然会遇到压力和挫折。如果永远只选择自己觉得舒服的事情去做，当遇到压力不懂得如何处理时，就会像精致的瓷娃娃一样碰不得。无法在逆境中前行的孩子，就无法像贝壳一样忍受痛苦，最终孕育出一颗颗璀璨耀眼的珍珠。所以，没有经历成长路上的逆境，日后也无法抵御社会中的困难和挑战。

心理学上把人的思维模式分为成长型心智和固定型心智。拥有成长型心智的人相信自己能够通过努力和学习获得进步。相反，有些人则相信自己的能力是天生的、恒定的、不能改变的，他们就是拥有固定型心智的人。拥有成长型心智的人身处逆境的时候，虽然会认识到自己的能力不够强，但他认为可以通过进一步的努力提升自己。因此他能够克服很多困难，即使身处逆境也不会绝望。

我们节目中的选手刘洁洁就是成长型心智的人。她来自贵州农村，没怎么接触过电脑，没有学过编程，也没怎么上过课外辅导班，她完全靠自己的努力前行，想通过知识改变命运，她也非常重视自己每一次受教育的机会。从某种意义上说，我在她的身上看到了逆行力。虽然刘洁洁的起点跟大城市的孩子无法比，但节目中她在一群城里的孩子面前一点儿也不自卑。在整个挑战过程中，刘洁洁没有任何犹豫，没有任何抱怨，眼神一直很坚定、一直很沉着，我们的社会需要这样的人。她没有跟别的孩子去比较，与自己的祖辈相比，她已经进步了太多，她会慢慢缩短和大城市里孩子的差距。也许会有暂时的失败，但是她会继续学习，会抓住所有学习的机会来提升自己，这是逆行力在她身上的体现。

团队协作力：立足社会的必备能力

对应挑战项目：《不思议迷局》

《不思议迷局》现场挑战

小浪花队选手挑战画面

能力定义

团队协作力是指在团队合作中，调动所有团队成员的资源和才智，共同协作、互相帮助，最终达成目标的能力。

能力阐述

现代社会是一个合作共赢的社会，在这个社会中，我们每个人不是孤立的个体，而是一个相互关联的整体。信任团结，合作共赢，这是我们在群体中必备的立足技能。

能力解锁

第三期节目解锁的能力是团队协作力，这一期的情况发生了变化，所有成员需要为集体服务，所有成员的成败都需要集体负责。

《不思议迷局》的挑战不再是以前的1对1、2对2，而是4对4的团队协作。在这个过程中，团队的配合尤为重要，主要体现在两个方面。

1.两队相互出题，全队集中智慧给对手"挖坑"。这时候团队中的每个人要猜一猜，如果对方派出4个人，这4个人可能会有什么样的弱点，在每一步中可以利用他们的哪些思维漏洞来"挖坑"。这是非常考验运算量的一个迷局，要想让对方意想不到，需要整个团队的合作才能完成。1位选手揣测不了对方4位选手的想法。因此，在现场出题的时候，除了几位选手围在一起用纸和笔计算，队长也在计算，还有几位选手在敲代码，他们可能想通过编程的方式设计一个精妙的布局，让对方完全解不开。双方都知道解法越少越好，但出一道只有唯一解法的题非常难，因为他们的时间是有限的。总之，出题时集体的智慧决定了对方完成的难度。

2.当选手们来到主赛场，开始接力挑战时，对手设置的迷局就摆在他们面前，他们就像4×100米接力跑，交替答题，通过一棒、二棒、三棒、四棒把整个挑战接力完成。其中特别有意思的一点就是，当一个人走过迷宫中的路径后，这条路就消失了，后面的人无法使用。也就是说，1号选手走完后，他所走过的路就没有了，2号选手只能从剩余的路线中选择一条来走。这再次考验了合作能力，前面走过的选手要给后面的队友留后路。第一棒要给第二、第三、第四棒留后路，第二棒要给第三、第四棒留后路，第三棒要给第四棒留后路。所以，当选手们在玩这场接力赛的时候，第一棒就变得非常重要，第一棒的选手需要思考如果他这么走的话，是否给后面的选手留下了足够的空间。如果前面的人只顾自己,不给后面的队友留后路,那么大家都走不出这个迷局。

教育家陶行知说过:"集体生活是儿童自我向社会化道路发展的重要推动力,是儿童正常发展的必需。"随着科技的进步,社会分工越来越系统化,人被归类到各种各样的团体里,通过团体合作才能更好地融入社会。工作中,我们需要和工作伙伴讨论,进行创意思维的碰撞,找到更好的工作思路。离开团体,人的工作和生活都会受到影响。任何一个成功的人,背后都有一个团队作为坚强的后盾。

小脑瓜队选手的挑战画面

小浪花队选手的挑战画面

有团队合作意识的孩子，才会在未来的路上走得更远，而团队协作能力的培养离不开家庭教育。家长越尊重孩子，孩子就越愿意去和别人沟通相处。我们要注意，家长切不可采用两种极端的教育方式——"黑粉式育儿"和"毒唯式育儿"。"黑粉式育儿"就是指用放大镜看别人家孩子的优点，用显微镜看自己家孩子的缺点，对自己的孩子从不满意，永远在挑错。这种育儿方式会导致孩子和家长的关系疏离。"毒唯式育儿"是指家长总是夸自家的孩子，越看越喜爱，容易娇惯孩子。这两种育儿方式都会造成孩子无法和他人融洽相处，从而导致孩子缺乏团队合作意识。父母和教育者要做的是，给孩子提供一个健康的环境，让他拥有自信、学会沟通、能够正确认识自己，更好地和别人打交道。

一个人走到终点不算成功，一群人走到终点才是成功。在这个世界上，我们每个人都不是孤独的个体，而是生活在群体中，信任、团结、合作共赢是我们在这个群体里必备的生存技能。家长要告诉孩子做一块砌在墙壁里的砖，谁也推不倒，如果是掉落在地上的孤零零的砖块，就会被视作绊脚石一脚踢开。对于父母来说，要用正确的观念引导孩子们做砌在墙壁里的砖块，让孩子们可以并肩前行，拥有更大的勇气面对前方未知的挑战。

分解力：拆解复杂问题的能力

对应挑战项目：《解构与重建》

小脑瓜队在测量碎片画的面积

小浪花队在挑选碎片画

选手用3幅碎片画拼成的目标图

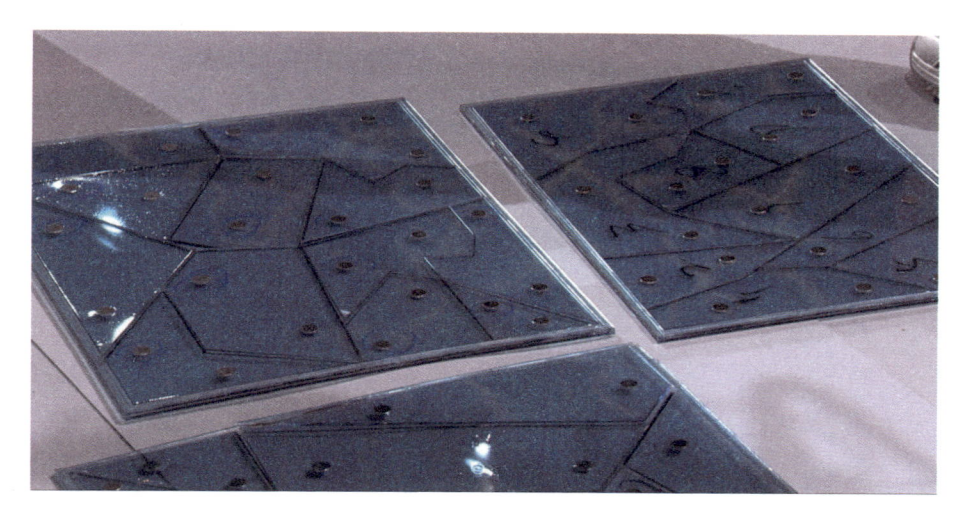

选手从15幅碎片画中选出的3幅碎片画

能力定义

分解力是指将复杂问题在横向、纵向上分解,最终将大目标拆分成多个小目标的能力。

能力阐述

分解可以让问题简单化、步骤化。拥有分解力的人能够将复杂问题拆解,将大目标拆解成小目标,然后在团队中逐个分工来解决达成小目标,使得团队中的每个人都合理分工、高效运转。

"万事皆可分解",生活中所有复杂的问题都可以被分解,大到防风治沙,小到下厨做饭,都可以通过一步一步拆分来解决。比如买房子,我们可以将这件复杂的事情拆解为考虑地段、价格、交通等几个步骤,通过分解步骤让复杂的购房决策相对简单化。

社会中有很多复杂的问题,无论你从事什么样的行业,都无法预测即将出现的新问题及对应的策略,也无法未雨绸缪。所以要从小培养孩子的分解力,教会他如何思考、解决问题,把问题合理拆解成简单模块,以不变应万变。

能力解锁

当成年人碰到一个特别困难的任务时,他会知道如果任务太复杂,就要把它分解成一个个小目标。所谓分解,就是化繁为简、化整为零。

在解锁分解力的单元中,节目组设置的挑战是《解构与重建》。每支队伍面前有15幅碎片画,选手通过观察、测量、计算,挑选出其中3幅碎片画,解构其中的碎片,将其重建且必须用完,最后还原出世界名画。在限定时间内,优先完成的队伍获胜。

《解构与重建》中的拼图轮廓

这个挑战听起来是不是有点儿像我们经常玩的拼图？但这次挑战的拼图跟普通的拼图完全不一样。第一，我们平时玩的拼图表面是有图案的，而且和拼图游戏所提供的效果图对应，拼图碎片边缘处的形状、颜色都会成为我们的拼图线索；第二，平时玩的拼图没有干扰项，所有碎片有效；第三，正常的拼图最外面的边缘是整齐的，一般是长方形的边框；第四，正常的拼图能够通过优先寻找边缘片找到突破口来完成拼图。而在我们的节目挑战中，很多边缘片并不是由一个完整的片构成，而是由几个小碎片构成，而且碎片上没有图案和颜色，只能根据轮廓信息，挑出正确的拼图碎片，这大大增加了拼图的难度。

你可能在市面上也见过没有图案的拼图，最典型的是七巧板。一般情况下，不借助工具的话，普通人只能拼出十四五块的拼图。在这个挑战中，选手要用40多块碎片拼成不规则的名画。那么，他们是怎么完成的呢？当然是分解。

由于这个任务太难、太复杂，所以我们给选手提供了一些工具，他们可以借助电脑写代码，可以用纸、笔、尺子，也可以用量角器……可以用任何工具把这个拼图完成。每一队有4位队员，可以先用这些工具把这个复杂任务分解，然后再分工合作。在选手完成之前，导演们也测试了一轮，他们普遍采用了两种拆解步骤的方法。

第一种是利用特殊角。图形的造型各异，这是最直观的。先测量名画边缘的某些特殊角，再从15幅碎片画中找到符合这些特殊角的碎片，初步测量、计算，如果相符的话，就选取出来，然后动手拼。不过，这个挑战中的目标名画的缺失部分，大多数的特殊角都是由好几块碎片构成，所以无法直观找到符合特殊角的碎片，还要经过大量的测量和计算。

另一种分解方法是将修复名画的大目标拆解成三个步骤。首先，在电脑上将名画缩略图分割成若干基础图形，推算出累计面积；然后，通过实际名画和缩略图名画其中一条边的对比，得出比例尺，算出名画面积；之后，分别测量计算15块碎片画的面积；最后，将15块碎片画面积经过三三排列组合来匹配名画主体部分的面积。这样就可以先将3幅碎片画找出来。

小浪花队复测碎片画的面积

在日常生活中，分解力也有很多应用。嘉宾马伯骞在节目中说道，分解力在音乐中应用得非常广泛，比如，要创作一首歌曲，从选择曲风，到编曲、填词、包装、预算、宣传等一系列过程都体现了惊人的分解力。再比如，学生在写文章的时候，经常会觉得下笔比较难，总是一再拖延，直到拖不下去。但是如果他知道文章的主题是什么，就可以拆分出几个分论点，每一个分论点应该怎么论述，每个分论点里面要写几个例子……刚开始的时候，写文章只是个很宽泛的概念，很复杂、很困难，当你把它分解成一个个小的任务，就会变得很容易完成。这也跟打辩论赛很像，先要有一个辩论题目，然后再分解出几条线，从几个方面来论证辩题。

除了将事情分解成几个步骤，给人员分工是分解力的另一种体现方式。在家庭里，分工协作也是拆解方法的一个应用，比如，妈妈负责做饭，爸爸负责洗碗等，这也会在孩子幼小的心灵中种下分工协作的种子。节目嘉宾伊能静提到自家的分工方式，她和她先生秦昊面临平衡工作和带小孩的问题时，一般情况下，她和秦昊会开个家庭会议，来决定现阶段谁出去工作。比如，伊能静在参加《乘风破浪的姐姐》的时候，为了专心比赛，就由秦昊照顾女儿。而其他时候，秦昊要出去拍戏，这时候伊能静就会留在孩子身边。

很多孩子不愿意学习，父母总觉得孩子是在拖延，其实是因为学习的任务对他来说太复杂了。这时候，家长需要做的是帮他分解一下学习任务。孩子耳濡目染的机会越多，他以后碰到复杂任务时就越能上手。孩子会在家长的指导下懂得如何拆解任务，然后一个个破解，他就可以逐渐学会独立解决问题了。

所以我们要鼓励孩子去玩建构式的游戏，比如乐高、拼图，或者模型，不要觉得那是在浪费时间。因为在玩建构式游戏的过程中，孩子其实是在动脑。有时候，我们看到孩子做一些数学题时，总觉得他做得慢，会催促他："你为什么不做完呢？这有什么难的呀？赶紧写啊……"逼孩子赶紧做是没有用的，这时候可以因材施教，给他一点儿帮助，帮他拆解难题。比如，当孩子遇到复杂的几何题时，家长可以教他拆解成简单的几何叠加或相减问题。千万不要觉得孩子太笨、没学好，每个人对解构的理解不一样，有时孩子需要的只是小小的点拨，而不是催促。

一定要记住，孩子不是天生就会拆解难题的，尤其在大脑没有发育完善前，他很难做到对复杂任务进行分解，他是在学习中逐步学会这种方法的。在他小的时候，父母就要鼓励他，教他怎么分解任务，教他怎么跟他人分工合作来完成任务。当我们的孩子具备了分解力，那么未来碰到任何问题，都可以自己解决。其实，拥有这种能力的孩子同时也会拥有领导力，节目中有一个年龄大一点儿的孩子，他在分工、分解上很有心得，事实证明，他所在的队伍的很多挑战都是由他在场上带队，统筹全局的。

小浪花队选手编写程序计算目标图形的面积

小浪花队用碎片重建目标图

评估力：评估、判断事物的能力

对应挑战项目：《隐秘的角落》

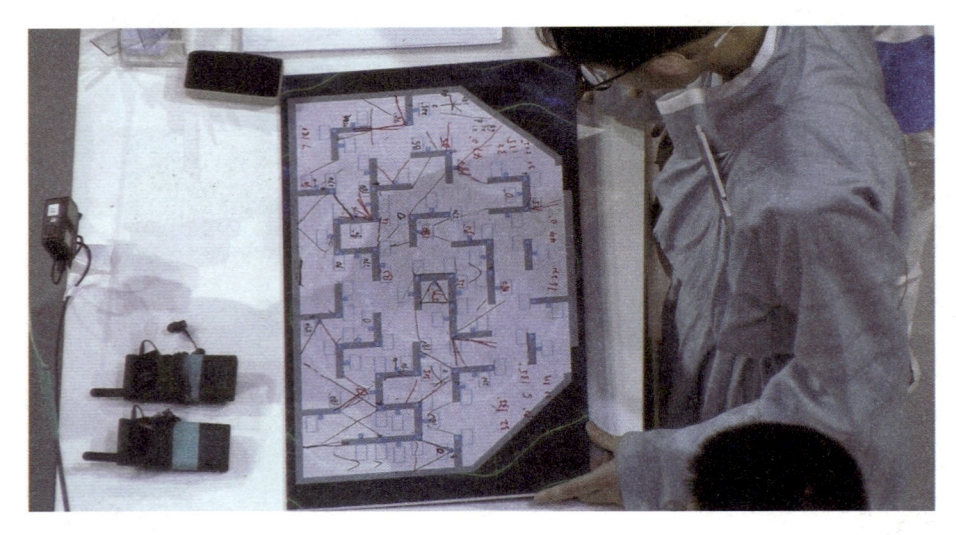

《隐秘的角落》挑战画面

能力定义

评估力是指评价、估量、判断某事物的价值、正确性、可行性及可取性的能力。

能力阐述

评估不仅仅是一种工作方法或管理手段,更是一种思维方式。生活中几乎到处都要应用到评估力。它可以帮助我们分析自身优势和劣势,让我们对自我有清晰的认知定位,规避自己的短板,找到最适合自己的人生方向,让自己的优势能力有充分的展示。用一句俗话说,就是朝着适合自己的方向努力。南辕北辙的故事就是评估力缺失的典型事例。

能力解锁

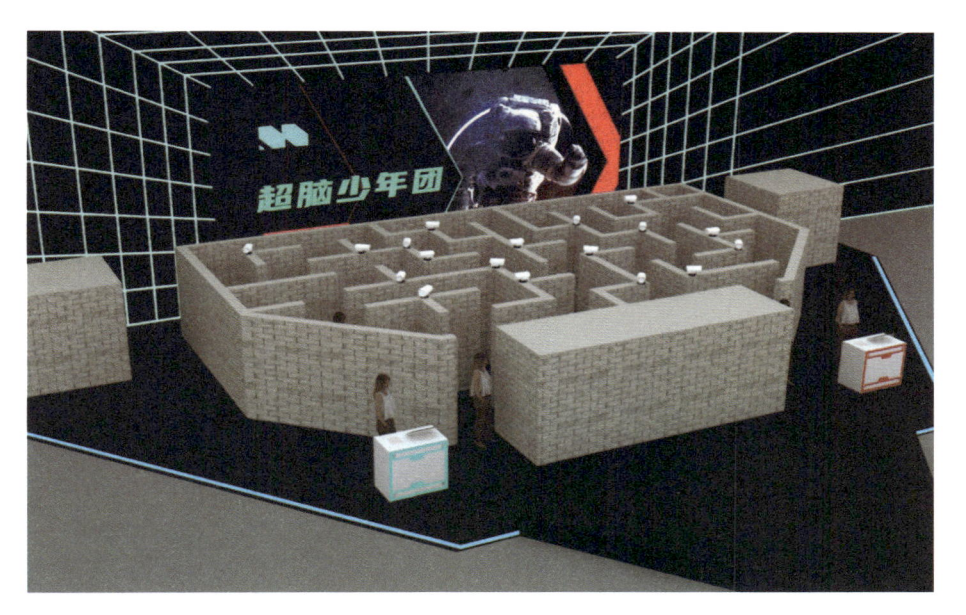

《隐秘的角落》舞美图

在这个挑战项目中,节目组搭建了一个迷宫,迷宫里布置了80个摄像头。这些摄像头分为两种型号,一种型号的摄像头的视角范围比较窄，另一种型号的视角范围宽一点儿。第一个任务，要求两队各自布控，挑选30个摄像头，让摄像头拍到迷宫尽可能多的角落。第二个任务，两队进入迷宫，各放入5枚棋子，要求尽量使自己的棋子不被对方的摄像头拍到。每队3位选手，一位选手在场地外用平面图寻找答案，被称为A；一位选手进迷宫布控，被称为B；一位选手进入迷宫藏匿棋子，被称为C。

从80个摄像头中选出30个能够覆盖最大范围的摄像头，当对手去放置棋子的时候就不容易找到死角，更容易被己方的摄像头拍摄到，拍摄到的次数越多，胜出的可能性就越大。所以，外面的选手A和第一位进迷宫的选手B，做的就是布防的任务。如果用一个比喻来描述的话就是，B选手是实地考察，B选手是A选手的眼睛，A选手是B选手的大脑。A有一张平面图，他只能通过示意图做大概的判断。B进去以后，他就可以判断某个摄像头的型号，它具体的高度是多少，装在墙体的什么位置，通过对讲机把这些信息描述给A，并且要把迷宫里镜子的位置告诉A。这件事看似简单，像报数似的，但对团队的要求非常高。进入比赛区，高效而准确的沟通特别重要，A和B要评估出一种最节省时间的沟通方式，这时候评估力就大显身手了。

接下来，第三位选手C进去，又需要跟A选手进行配合，他要观察对方布控用了哪30个摄像头，然后放置棋子。放置的棋子被对方拍到的次数越少越好，这个时候需要队友间充分的沟通和交流，需要双方利用空间思维综合评估判断，放置棋子。

小浪花队用对讲机交流放置棋子的位置

在这个挑战中，除了评估选择合适的摄像头和合适的放置棋子的位置之外，还要评估出一套有效的、可实操的沟通体系。B选手和C选手在迷宫里实地考察的时候，脑子里需要转换一下，他们要站在A选手的视角来想问题，他们会想如何表述才能让队友A选手听得懂。队友之间只有快速建立新的沟通体系，才能忠实地表达自己的想法，这是我们经常讲的换位思考。关于独特的沟通体系，在辩论赛的时候，也有几个基本的用来沟通的手势。比如，如果有几位辩手同时快速站起来发表论点，有一位辩手做出一个手势，意思就是"这个问题我来"。

评估力在建筑领域也得到了充分的应用。每个建筑都是一座迷宫，在一个空间里，建筑师可以做的选择很多，每次的选择都可以不一样。但每次建筑师都会定出一个目标，评估出最好的实现方式，然后进行设计。评估力在工作后的理财、投资领域大有作用。风险评估后做出正确的投资选择便是评估力在投资上的应用。

在人生道路上，我们时时刻刻都面临着选择，上什么大学、从事什么工作、在什么时刻转变跑道，等等。人生中每一次选择都是一个分岔路口，决定了将要看见的世界。选择比努力更重要，拥有良好的评估力，能够帮助孩子在千千万万的选择中迅速找到一条又快又适合自己的道路。就像节目现场的嘉宾魏坤琳教授说的："其实每个孩子都是一块土壤，不同的土壤孕育不同的生命，黑土种粮食，沙漠长仙人掌，好的家长要帮助孩子找到他的优势，在这块土地上种合适的东西，有取舍地培养孩子的特长。"

小脑瓜队在答题桌前讨论

创造力：发现和创造新事物的能力

对应挑战项目：《阿基米德的浴缸》

《阿基米德的浴缸》挑战现场

《阿基米德的浴缸》道具展示

《阿基米德的浴缸》3D结构

能力定义

创造力是指产生新思想，发现和创造新事物的能力。

能力阐述

创造力与一般能力的区别在于它的新颖性和独创性。它的核心就是发散思维和创造性思维。简言之，创造力就是用自己的方法创造新的未知的东西。

好奇心是创造力的先导，是创造的动力。奇思妙想是创造的源泉，我们要允许孩子天马行空，允许他们与众不同。

创造的基础是对原有事物的基础感知，感知经验让创造之源活水不断。

能力解锁

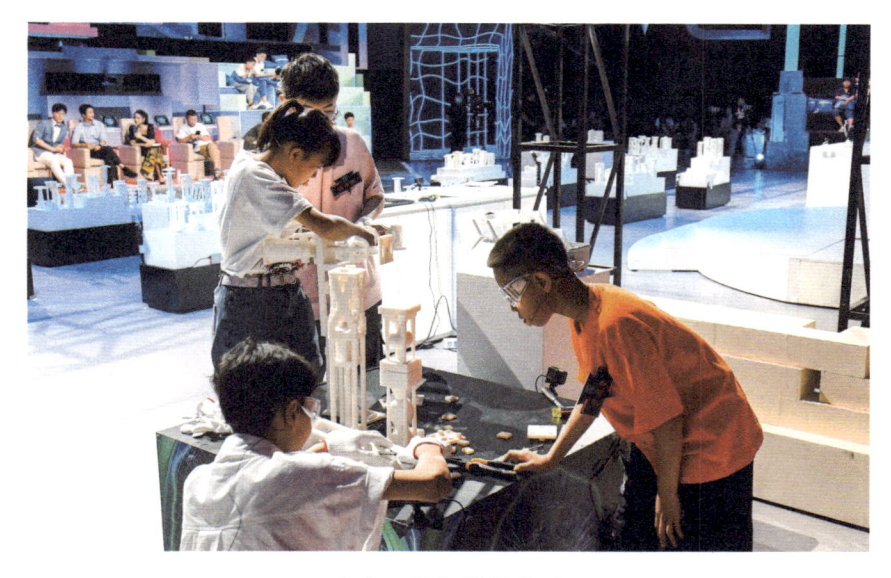

小脑瓜队组接结构块

在《阿基米德的浴缸》这个挑战中，选手需要从各自区域内的70个不同的3D打印的不规则结构块中，选择所需的结构块，用合适的方式进行组装拼接，得到符合要求的结构体。最终比的是，在规定的体积范围内，谁搭的结构体更能承重。

这个挑战难吗？确实难，因为这一次要解锁的能力是创造力。创造力是指我们要创造一个以前不存在的东西，所以在这个挑战中，选手们要搭建的结构体是没有固定答案的。我们玩乐高的时候，乐高是有模板的，我们照着拼就行。但我们要创造一个东西的时候，没有模板，只有目标，这是发挥创造力的关键点。在每个人的工作和学习中，创造的东西会越来越多，没有标准答案的东西会越来越多。而它们可能会决定一个人的未来。这个挑战的良苦用心就是希望激发选手们的创造力，让他们体会创造的乐趣和它的价值所在。

当今世界处于信息爆炸和人工智能的时代，获取信息和技术支持变得非常便利，能想到"我要做什么"的能力变得更为重要。创造力开始成为一流人才的必备能力。拥有创造力的人，同时拥有强大的好奇心，敢于大胆地尝试一些新事物。他们善于打破思维局限，从多角度、多方面想问题，敢于探索研究并发表独特的见解，从而创造出全新的事物、思想和方法，去更好地解决生活中的难题。

3D打印技术就是创造力在现实中的应用。比如，3D打印假肢就成了很多残疾人的福音。传统假肢造价非常高且笨重，制作周期和适配周期都比较长，很多遭遇意外的患者选择使用价格较高的轮椅或使用起来并不方便的拐杖。但3D打印假肢成本低、制作周期短，使用的材料也更加轻便，非常普惠亲民，尤其对于还在生长发育阶段的残疾儿童家庭来说，不用因为定期更换假肢而背负很大的经济压力。

小浪花队选手在组接结构块

选手进行承重测试

那么，如何培养孩子的创造力呢？首先，要慢下来，给予孩子时间和空间。创造力肯定不是在家长催促孩子完成作业的情况下产生的，也不是在家长一步一步教孩子完成手工的过程中产生的。家长可以给孩子树立一个目标，留出足够的时间和独处的空间，看看他能玩出什么新花样。其次，要打破惯性的方式。安于现状的人是无法激发创造力的。所以，一定要让孩子摆脱束缚，从日常的小事做起。比如，孩子常常是通过写字来完成一篇作文，那么为什么不让他通过画画来代替写字完成一次？这样可以激发右脑。把记忆的信息画成图画，在脑中转成动画。学会使用大脑的另一半，灵感就很容易被激发出来。再次，让孩子学会思考多种方案。我们通常都习惯"只寻找一种答案"，每当找到一种方法，就会松一口气。其实我们不应该只局限于"这个方法不错，就着手干吧"，而应该是"这个方法不错，不过再想想还有没有更好的方法"。最后，适时地给孩子换个新的环

让孩子学会思考多种方案

境。环境和创造是有直接关系的，人在洗澡时、在飞机上、在海滩漫步时，都更容易有新的灵感。因此，在发现孩子即将"灵感枯竭"时，让他换个新环境进行思索。

另外，还可以给孩子营造一个生活中"创造力"无处不在的氛围。比如，家长们可以带着孩子变废为宝，用废纸箱给自己的宠物DIY一个窝，或者用废弃的易拉罐DIY花盆……如果实在抽不出时间，在给孩子做饭这件日常的事情上依然可以玩很多花样，比如，用菠菜汁或者胡萝卜汁和面做成彩色面条、做小鸡形状的饭团等，这样一来，孩子会在潜意识里觉得创造力无处不在，而且生活也变得更加欢乐多彩。

担当力：敢于承担有所作为的能力

对应挑战项目：《紧急呼叫》

《紧急呼叫》现场挑战

《紧急呼叫》零件道具展示

《紧急呼叫》零件道具展示

能力定义

担当力是指敢于承担责任，能够为自己的事情、选择、情绪负责，敢于捍卫自己的权益，有勇气面对生活中的挫折和挑战的能力。它是一种敢于承担、有所作为、勇于负责的精神。

能力阐述

一个有担当力的人，面对责任时，无论大小，他都不会推卸，因为他知道负责任是一种积极的人生态度。当孩子具有很强的责任感时，他的自我管理能力相对会更强，做事情的自觉性也会更高。

孩子有担当，关键是建立起自我边界感，明白什么是自己的事，什么是别人的事，为自己的事情负责，不事事依赖别人。

想要培养出有担当的孩子，最重要的是发生问题时，不包庇孩子、不推脱责任，也不要只是责怪他，而是应该平静、坚定地让孩子对自己造成的后果负责，做出补救措施。

能力解锁

在节目中，担当力对应的挑战是《紧急呼叫》。在这个挑战项目中，红蓝队伍需各自召集3位选手，担任三个岗位的工作，分别是取件岗、组装岗与工程岗。担任取件岗工作的选手需要通过解答对应的题目获得零件票据，交给不认人、只认票据的"暗星管理员"，用票据置换零件，取出零件交给队友。担任组装岗工作的选手需要将拿到的零件与担任工程岗工作的选手写出的软件编程结合，拼装出一部能够联通总部的手机。

小浪花队在拆解零件

选手使用电烙铁焊接

从小培养孩子的担当力，让他成为一个有责任心的人十分有必要。有担当力的孩子会成长为一个心智成熟的人，对自己的行为负责，对自己的家庭负责，也会成长为一个有诚信的值得依靠的人，在未来将会成为一个家庭的支柱，被社会接纳和认可。

处理每场突如其来的危机背后都彰显了担当力的重要性。在国难面前，总有一群人奔赴在第一线，用一个个肩膀扛起全民的生命安全。有担当力的人，不仅能在生活中承担起责任，而且还是撑起时代发展的中坚力量。能够唤醒孩子担当精神的，可能是一个有价值的目标、一个远大的人生理想，或是未来国家发展的方向。

如何培养孩子的担当力？家长要学会放手，减少干预，让孩子拥有一定的自主权。简单地说就是，孩子的事情让他自己去做，自己犯的错自己去承担后果。比如，每天早上按时起床、洗漱、吃饭、上学，这都是他自己的事情。可是有多少孩子早上是在"催催催"中度过的，家长越催，孩子越没有时间观念，因为他知道背后有一只大手在掌控他，能够让他不迟到。家长一旦干预，就相当于"越界"了，这种"越界"的行为越频繁，孩子就越会认为这件事情不是他的，而是父母的。如果家长不去过度干预，让孩子自己定闹钟，孩子会迟到吗？家长们可以试一下，孩子或许会比家长还积极，因为上学成了他自己的事情。

想要培养孩子的担当力，还要注意一点，就是如果孩子犯错，家长先不要干预。比如，孩子丢了东西，让他自己去找；孩子作业没写完，让他自己去跟老师解释。当然，家长可以给出一定的补救建议，比如，孩子丢了小东西，可以建议他用喜欢的玩具跟别人交换，或者用自己的零用钱购买；孩子的作业没写完，可以让他选择是早上提前一小时起床来写，还是去跟老师解释，放学后留下来写。我们节目中的一位选手的家长说过一句话："我觉得要让他明白这是他自己的事，写不完也得交，只要你能对付得了老师。"很多家长都会说："感觉孩子写作业就是为我写的"，这就是因为家长干预过多，孩子的事变成了家长的事，孩子犯错后由父母去买单。久而久之，孩子的担当力也就被家长"揽"过去了。孩子的担当力是在他独立解决日常问题的过程中培养起来的。要给孩子足够的空间让他自己去做，才能慢慢地让孩子有担当力。

解析力：剖析和研究事情的能力

对应挑战项目：《忘年对赋》

小脑瓜队在用AI程序生成诗歌

《忘年对赋》挑战现场

诗人杜甫的形象

能力定义

解析力是指把一件复杂的事情分解成较为简单的几个组成部分，一步步理解其中的本质，并找到它们之间的关系，进行深入剖析、研究的一种能力。

能力阐述

一个拥有解析能力的人，能够将一个复杂的问题系统地组织起来，深刻理解事物的各个方面，把一个看似复杂的问题，经过理性解析和梳理过后，使其简单化、规律化，从而轻松、顺畅地解答出来，这就是解析能力的魅力所在。

强悍的解析力建立在强大的逻辑思维能力和超强的知识储备之上，需要日积月累的经验积累和不断练习。

解析力强的孩子能够全面地认识事物的各个方面，并能在脑海中构建各方面的联系，更加深刻地理解事物之间多层因果、环环相套的关系，进行独到的分析，看到别人看不到的东西。

能力解锁

解析力对应的挑战项目是科大讯飞AI研究院技术团队提供后台、物料和指导方案的AI项目《忘年对赋》，要求是双方队伍分别选择一位诗人（李白或杜甫），让AI程序以其诗歌特点为学习目标，学习这位诗人的风格。现场先后以随机关键词、古画作为考题，让本队的AI程序生成对应这位诗人风格的七言绝句。双方队伍的AI程序完成诗歌后，由古代文学专家和科大讯飞AI研究院专家进行评判，评分高者获胜。

选手们要训练AI程序作诗，其实是个庞大的工程，24小时的训练准备对选手们来说挑战巨大。但如果把整个任务拆解成部分环节，再有机串联起来，还是有完成的可能性的。这是一个流程优化的过程，考验选手对复杂任务的理解。比如，在这个挑战中，聪明的选手会先进行语言材料的收集，收集的诗歌越多越好，然后开始处理语言材料，分析一些关键词语在诗句中的体现，同时开始写程序，并让AI程序对所收集来的语言材料进行分析和学习。这样的AI程序学习和人工检验分析可能要经历好几轮。当选手对一件复杂的事物进行解析的时候，他会把它切分成不同的模块，每一个模块可能要用不同的方法去处理，放入不同的资源。在选手的时间、信息和资源都有限的情况下，要把有限的时间合理地规划拆分，投入不同的资源，最终才能够把整个任务完成。所以这个挑战相当于给孩子们布置了一个复杂的任务，让他们自己把问题解析成不同的部分，然后看他们完成整个过程。

选手们在用解析力完成这一漫长过程的同时，也深深感受到了研究人工智能技术团队的不易。计算力再强的计算机、存储再大的服务器，也需要背后的工作人员不断地检验和调试、主导和纠错，最终使人工智能真正强大，解放一部分重复低效的劳动。所以，最伟大的不是计算机，而是在一线致力于用人工智能改变未来的科学家们。

当今社会飞速发展，孩子们总能在网络上接触各种各样的信息，但过于庞大的数据会让他们产生错乱和迷茫的感觉。培养孩子的解析力，能让孩子在面对一堆复杂的大数据信息时，及时地厘清其中的重要内容，并梳理出自己想要的信息，再进行深入分析，迅速解决问题。

如何提高孩子的解析力？首先，要让孩子多参与沟通，让孩子懂得更多基本的常识。很多时候，常识能够成为我们解决重要问题的关键点。解析力是对事件有了充分理解之后进一步分析的能力，这个充分理解是建立在对事件完整的认知上的，如果孩子能够经常参与日常生活的沟通交流，掌握基本常识，他就能更好地解析自己遇到的事情。其次，家长要多问孩子"为什么"，引导孩子深入分析。家长要利用各种时机有意识地对孩子提出一些问题，在孩子陈述自己的观点或理由时，家长可以继续追问，让孩子的思考逐渐深入，考虑其他未曾想到的方面。比如，家长在孩子表达某种观点时，可以适时表达："你是怎么想到的？你觉得接下来应该怎样做？"这种追问的方式可以让孩子对任何事情都考虑得更周全，也有助于他养成理解、判断和推理的良好思考习惯。最后，家长要有意识地在现实生活中锻炼孩子的解析力。给孩子机会去解决实际的复杂问题，帮助孩子厘清问题，让他像小侦探一样，开动大脑，分析形势与机会。

综合能力：1+1＞2的全局统筹能力

挑战项目：《智慧城市》《天际线云图》

《智慧城市》现场挑战

《智慧城市》现场挑战

当然，我们在选手完成挑战的过程中也发现，前面所述的八项能力没有一项能力是孤立存在的，只是在完成某些挑战的时候或者某些情境下，某种能力才会成为影响比赛结果的重要因素。据我们观察，《超脑少年团》的选手们，多数是几项能力都特别优秀的孩子，当他们面对不同的挑战项目时，马上就能在大脑中建构出自己独特的处理问题的方式，自如地发挥各种各样的能力。

我们还有一个挑战是《智慧城市》，要求选手们规划城市里每个路口的若干红绿灯，保证交通状况畅通，使车辆能在更短的时间内疏通完毕。这是一个非常典型的考验综合能力的挑战，它需要选手用全局统筹法，将所有的数据都考虑进去，求一个最优解。完成这个挑战项目很困难，给选手的压力也很大，除了需要对题目本身有深入的理解外，还对技术开发能力、算法选择的判断能力、抗压能力、团队协作能力的要求特别高。在全局统筹的框架下，挑战时但凡有一点儿粗心大意、有一点儿小瑕疵，错误就会被放大。

选手们分工协作，优化拥堵路网

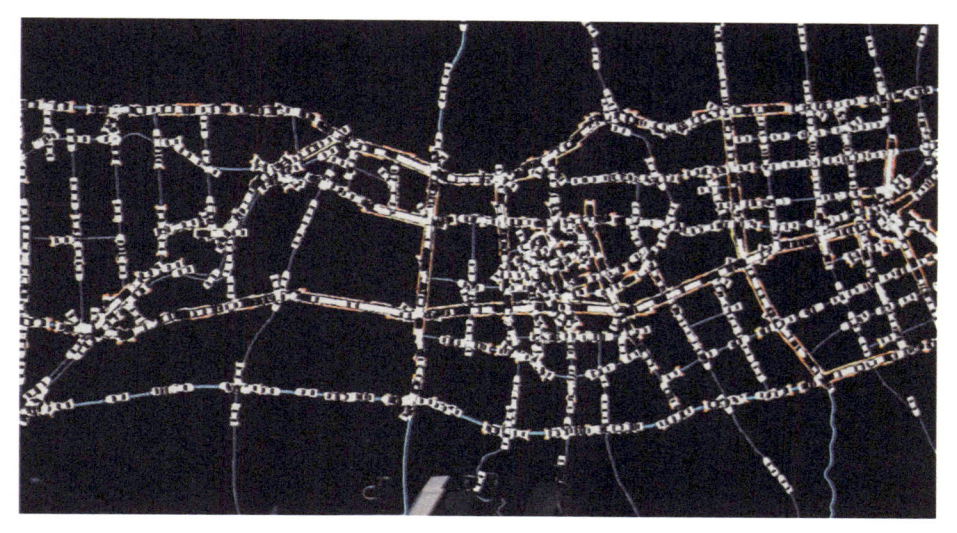

大屏幕上展现虚拟交通路网

在这个挑战的过程中，还有一个很有意思的现象：两支队伍做题情况完全不同，一支队伍是全员敲代码解题；另一支队伍是有部分选手在快速而认真地敲代码，而同队的一个选手则站在旁边好像在闲逛一样。观众在观看时觉得很奇怪，挑战结束后我们了解到这个"闲逛的人"其实是在进行统筹，因为其他选手在写代码的时候，会注意到很多细节，从而"只缘身在此山中，不识庐山真面目"，很难跳出来看到整体的面貌，所以这个人就是在整体地思考全局。而第一支队伍就是每个选手用自己的方法完整地做一遍，然后进行对比。所以比赛过程中分工形式有很多，但需要确定好一个形式后明确地执行。

在《天际线云图》的挑战中也是需要选手应用多种能力，任务是根据一张照片，找到拍摄地点和航班的信息。这个挑战重点考察的是解析力，但也会涉及《隐秘的角落》任务里面解锁的评估力。评估力体现在，一张照片上面可能有很多线索，但是可能很多是无效线索，只有部分线索非常有用，那么哪些线索值得选手去花资源和时间深入地挖掘，哪些线索是选手需要往后放的，或者放弃花时间寻找的。而解析力其实是一种综合的分析能力，有点儿像福尔摩斯在侦探一样，如果选手对坐飞机飞过某个空域、飞过某个地界有深刻的理解，自然就知道哪些线索应该拼凑在一起，能够追根溯源找到一个答案。

导演们给《天际线云图》项目拍摄的题目小样

导演们给《天际线云图》项目拍摄的题目小样

生活不是单一的考题,它更像一个解决复杂问题的大考场,合理地运用这八项能力,不断积累和学习,拆开来使用可以"以不变应万变",合起来使用则可以"1+1>2"。如果孩子可以把这些能力融会贯通,那么不管他未来遇到任何难题都会迎刃而解,追求的目标也将水到渠成。

第4章

4
超脑能力的挑战设计

四大挑战项目深度玩法

《不思议迷局》

挑战设计

4个人被困在克里特岛的弥诺陶洛斯的地下熔岩迷宫里,迷宫的地面非常脆弱。一旦有人走过,地面就会碎裂,留下能走的路相当有限,4个人要谨慎规划路线才能安全走出这个熔岩迷宫。

每队各有一个20×20的网格盘面,两队各派出4名选手出战。双方各执四枚不同颜色的棋子,网格盘面上四枚棋子都有对应的起点和终点,每队以接力赛的形式穿过对手布局的熔岩迷宫。每当选手移动棋子时,走过的路面将会破裂消失,不可再行走。如果选手在中途发现无法保证本队的4位选手依次穿过迷宫,则需要重置迷宫盘面,重新开始接力作答。重启后,接力选手的棒次顺序可更换。率先完成的队伍获胜。

思考方向

通过观察盘面找到一种行进方式，使得每组序号之间都有一条可以连接的路线，但每组序号之间的路线不能交叉、经过的格子不能重复。

盘面上灰色的格子代表不能通过的障碍物，白色的格子代表可以通过的路面，数字1、2、3、4表示4组序号（图1）。以数字1为例，从数字1出发到达另一个数字1，经过的格子则消失，即变为灰色，其他棋子不能再次经过（图2）。

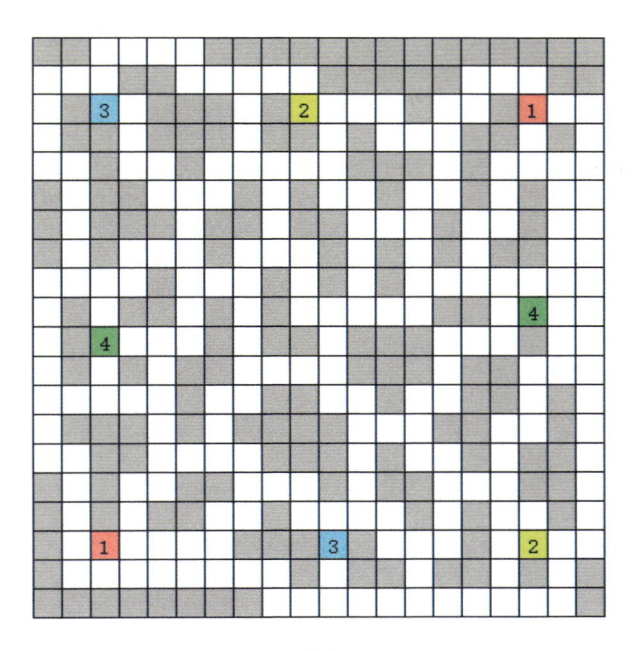

图1

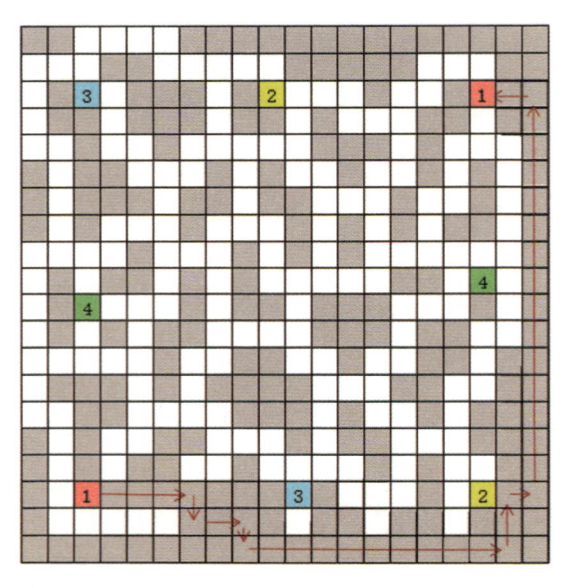

图2

解题思路

熔岩迷宫最大的特点是经过的路面会消失,所以能走的路越来越少。如果前面棒次的选手只关注自己能走的路线,而不考虑全局,等到后面棒次的选手挑战的时候可能会发现已经无路可走了。

题目以接力赛的方式呈现,每一棒都有自己的特点和使命。第一棒统筹全局,给后面三棒留下足够的空间,他要提前把所有选手可能行走的路线在脑海中规划出来。第二棒继续探索,要延续全局思维,在剩余路径中选择最优路径,尽量少占用关键路口。第三棒稳中求进,需要观察最后两颗棋子的起点和终点,给最后一棒留出生机。第四棒很可能是"华山一条路",所以是速度优先。第一棒从起点到终点可选择的路径有很多,但是第一棒却是最难的,每一步都很关键,他的职责是为后面的人铺路，而最后一棒要和前面的人打好配合，沿着之前队友留出的路以最快的速度逃离迷宫。想完成这个任务，彼此之间一定要紧密合作。

作答过程中，不可与队友交流，若发现无法完成题目，整队需要自行重置盘面，复盘上一局的失误，进行棒次顺序、作战策略的调整，理清每一个人的思路，再重新开始作答。

我们来看一下本题的解法（图3）。从数字1出发，优先选择一侧开始前进，不断进行尝试，直到找到一条可行的路线。从数字2出发，按照同样的思路进行尝试，如果找到一条可行的路线，就继续尝试；如果没有找到可行路线，就退回到上一个数字重新尝试，找到一条新的路线。这样不断地操作下去，直到每组序号之间有可行路线。

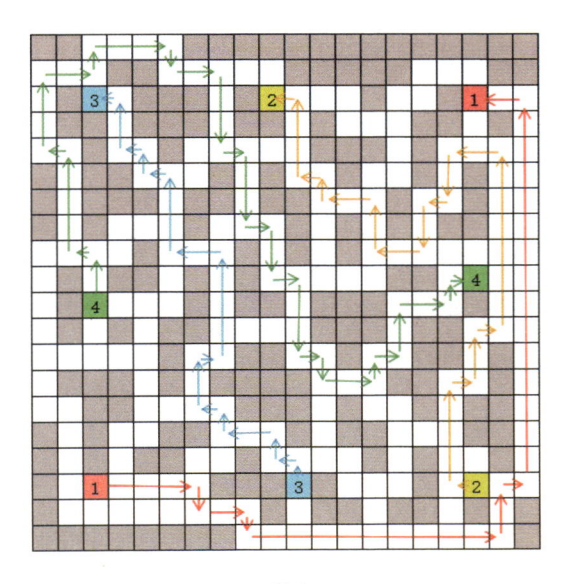

图3

《天际线云图》

挑战设计

第一步：每队选手获得一张航拍照片，队内进行分工协作，借助网络，利用大数据搜索、推理、分析，在规定的时间从照片中找到包括起点和终点在内的具体航班信息和标志性水域的名称，推断出竖有旗帜的目的地是哪里，全部答对的一队方可进入下一轮比拼。

第二步：选手完成第一步的挑战后，将获得一条视频信息，选手需要找到该视频中旗帜所在的具体位置，将目标地点和含有目标地点的区域地图截图上传并竖旗提交。提交后立马前往该地点寻旗，率先成功夺取旗帜者获胜。

思考方向

这个题目是节目组设计的最后一个挑战项目，属于一道综合性题目。想要解决这么复杂的问题，就要综合运用之前解锁的各项能力，将各种能力进行糅合、内化，再付诸具体实践，细心、耐心地一步步解决。

在这个挑战中要应用到抽象力，它能帮助选手从全部信息中提取关键信息，例如飞机下面的山脉、湖泊等；还要应用分解力，把大目标一步步拆解成小目标，比如先通过光影或大江大河等细节确定时间及方位，再分析天气情况以及地面、地形状况等；同时还要应用评估力，它能帮助选手在众多线索并行时快速评估花费的时间和所得结果的性价比，从而选择最有效的线索；最后会应用解析力，帮助选手搜索和分析，通过全部信息或线索推导出最终的目标。

魏教授在节目中提过，因为人类的大脑是有边际的，人类想要进步的话，就要学会合理运用工具来解决现实面临的问题。简言之就是，人脑有限，人类借助工具会变得更优秀。在解题过程中，选手要学会利用工具来帮助解决问题，比如各种搜索引擎、卫星地图、全景地图、航班软件等，合理地应用工具能达到事半功倍的效果。

这个挑战还会用到很多生活常识，比如时间的确定、方位的判断等，往往在不经意间帮助选手解决关键问题的，就是平时积累的生活常识和丰富的阅历。

挑战例题1

这是一张下午拍摄的照片（图4），请找到图中蓝色屋顶的建筑位置。

图4

解题思路

1.很明显,这张照片是在高铁上拍摄的,拍摄者此刻一定处于中国的某一段铁路上。

2.还可以从一些细节入手。窗外的景物比较清晰,没有因为速度太快而产生拖尾般模糊的情况,所以拍摄时应该是在刚出站或即将进站的时候,这个地方应该是在某一个高铁站附近。

然后,需要判断的就是拍摄者的方位。放大图5中的红圈部分,可以看到电线杆的影子朝向左侧,因此可以推测太阳是从右侧照射过来的(图6),而且图片拍摄时间为下午,中国是北半球国家,因此下午的时候太阳是位于西侧的。由此,可以推理出该列火车是由北向南开。

接下来是一个常识,中国大部分的居民楼都讲究"坐北朝南",我们观察图中的白色居民楼,可以大体判断其是一个南北朝向的结构,因此能佐证我们上述的观点。

图5　　　　　　图6

3.我们继续观察图片，会发现远处的一座高楼（图7）特别显眼，附近的一座近30层的白色高楼在它一旁却显得相形见绌，可见其高度较为罕见，而且它顶部的设备显示出这座高楼未建完。于是，可以在搜索引擎中输入"在建摩天大楼"或者"建设中高楼"，找到大量有效信息，通过排查比对发现，天津高银金融117大厦简直和这座高楼完美贴合。

图7（117大厦）

4.确定了标志性建筑和南北朝向后，接着要做的就是观察地图，不难发现，就在高银117大厦的附近有一段显眼的南北向铁路轨道。于是可以进入全景地图模式，细心地排查，查看每个街景的照片，最终就可以找到蓝色屋顶楼房的位置了。

挑战例题2

根据照片（图8）判断这趟飞机的起飞地和目的地

图9

图8

图10

解题思路

1.看到照片（图8）后，首先能够得到的线索是，拍摄者是在飞机的窗口拍下了这张照片，并且拍摄者坐在飞机的右翼附近。

2.通过放大机翼上的照片，机翼末端有一个航空公司的logo，从logo可以看出是东方航空的航班（图9）。机翼中部可以看到一串字符：B-8561（图10）。这串字符是该飞机的注册号，等同于该飞机的牌照。

3.照片中的天气能见度很高，可以看到地面的湖泊、船只和港口。因此，可以断定这是在白天拍摄的，且时间不会晚于下午4点以后。使用航班软件进行搜索，挑战当日是5月26日，因此应该搜索5月26日之前的航班，才能得到关键信息。排除起飞时间太晚的航班后，结合上述分析，得到了大约6个可疑航班的信息。通过航班的起飞时间，对航班的可能性大小进行排序。

MU2806　成都飞往南京

MU2868　南京飞往太原

MU2815　南京飞往成都

MU2868　深圳飞往南京

MU2895　南京飞往成都

MU2867　南京飞往深圳

4.从图8中可以发现，飞机并没有在特别高的高空飞行（云层和飞机距离很近，且云层多在飞机的上端），因此拍摄时间应该并不是在飞机起飞很久之后，而有可能是起飞后的30～50分钟。5月份南方多雨，搜索天气后发现5月24日和25日，深圳的天气为雷阵雨，而在雷阵雨的天气下无法拍出这种照片（图11）。

城市	日期	白天			夜间		
		天气状况	风力方向	最高温度	天气状况	风力方向	最低温度
深圳	2021-05-28	雷阵雨	西南风 3-4级	32℃	中雨	西南风 3-4级	27℃
深圳	2021-05-27	雷阵雨	北风 1-2级	32℃	雷阵雨	北风 1-2级	26℃
深圳	2021-05-26	多云	北风 1-2级	33℃	阴	北风 1-2级	26℃
深圳	2021-05-25	雷阵雨	北风 1-2级	33℃	雷阵雨	北风 1-2级	27℃
深圳	2021-05-24	雷阵雨	北风 1-2级	33℃	雷阵雨	北风 1-2级	26℃
深圳	2021-05-23(星期日)	多云	北风 1-2级	33℃	阴	北风 1-2级	27℃
深圳	2021-05-22(星期六)	多云	北风 1-2级	33℃	多云	北风 1-2级	28℃
深圳	2021-05-21	阴	南风 3-4级	32℃	阴	南风 3-4级	27℃

图11

因此经过排除后，答案锁定在以下三项：

MU2806　成都飞往南京

MU2868　南京飞往太原

MU2815　南京飞往成都

5.再查看一下成都的周边环境，成都处于盆地，周围的山体居多，很少有像照片中这样几乎处于平面的水域。因此，很容易将起点为成都的航班排除掉。

6.我们再来研究第二个航班：MU2868　南京飞往太原。

在地图上搜索，从南京起飞之后经过了很多湖泊，通过图7的飞机飞行的高度判断，此时飞机正在升高，照片大概是在飞机起飞后30~50分钟拍摄。通过航班软件飞行轨迹时间，结合卫星地图，可以大致判断飞机正在经过安徽上空。搜索过程中发现在卫星地图上同片区域有两个湖的外形比较相似——城东湖和瓦埠湖。因为飞机经过该水域上空的时候是从湖的正上方经过，将这个湖一分为二，所以分析的时候需要很仔细地将航线图跟卫星地图比对才能锁定正确答案。最终通过比对确定是安徽省淮河流域最大的湖泊——瓦埠湖。

可以得出结论：这一班飞机就是MU2868由南京飞往太原，图中水域就是瓦埠湖。

《来自星星的TA》

挑战设计

这是一起突发的紧急事件，有携带星尘的暗星人偷偷潜入"超脑飞船"，他们的外形与地球人相同，但身上携带了大量暗星元素星尘。地球人只要和暗星人接触过，就会被异化并感染上星尘。随着接触时间的增加，异化感染的概率也在增加。该航班已出现感染了星尘的乘客，时间紧迫，为防止更大范围的感染，各位选手需要搜集所有乘客的票据信息，分析排查，找到隐藏在本次航班上的星尘感染源头。

在本次超脑航班搭载的100位乘客中，有5位乘客已经被确认感染，还有5位乘客确认没有受到任何感染，目前尚未查明其余90位乘客是否感染星尘。现场每位选手的电脑里都将收到100位乘客的部分票据信息，其中有40%左右的信息是缺失的。现场机舱则悬挂了100位乘客的千张实体票据，选手需要通过题目中已知确认感染星尘的5位乘客和确定没有受到感染的5位乘客，结合乘客票据信息，来推断出在剩余的90人中最早感染的5位乘客。在找到他们后，又新增200位乘客的票据信息，选手要快速找到这些乘客中唯一的感染源。

挑战例题

根据确认异常人员、已知正常人员、人员接触关系及其先后顺序、异常等级，推理出异常发生的源头。

表1

确认异常人员	4号、14号、19号
已知正常人员	2号、9号、20号

表2

人员接触关系	异常等级
1号—2号	B
11号—14号	A
6号—8号	C
17号—20号	B
5号—9号	D
12号—13号	C
1号—4号	A
14号—15号	A
5号—11号	D
14号—17号	A
12号—18号	D
2号—3号	B
3号—7号	C

续表

人员接触关系	异常等级
19号—20号	D
8号—10号	A
13号—16号	B
1号—16号	A
18号—19号	C
4号—5号	C
5号—15号	D
16号—18号	C
2号—6号	A
14号—19号	B
3号—10号	D
7号—8号	A
6号—13号	B
15号—20号	B
9号—10号	C

备注：

1.为了方便阅读和解答，这道例题我们简化了很多情况，并将其他信息都整理为最简单的形式，因此本题只保留了人员接触关系、异常等级两列信息。

2.表格中的人员接触关系是按照先后顺序从上向下排列的，表格中越靠后的接触关系表示发生的时间越晚。异常等级用A、B、C、D四个字母表示，A表示毫无异常影响，D表示一定会发生异常影响。

3.本题与选手在节目中挑战的难度完全不同，本题是简单的入门题目，用来作讲解示意。

解题思路

拿到这个题目之后，可以先根据这些信息将所有人的关系网络整理出来，但是这样的工作量非常庞大，也不清晰。因此，可以采用另一种更加简便快捷的方式来解决这个问题。

根据题目可以知道的信息有四类：确认异常的人员、已知正常的人员、人员之间的关系和先后顺序、人员关系之间的异常等级。

由于确认异常的人员有3名，分别是4号、14号、19号，我们可以优先将他们的关系链按照时间顺序整理出来。具体如下：

4号—5号—11号—14号

4号—5号—9号

4号—1号—2号

14号—19号—18号—12号—13号

14号—19号—20号—17号

14号—17号—20号

14号—11号

19号—14号—17号—20号

19号—14号—15号

> 19号—18号—12号—13号
>
> 19号—20号

结合已知的正常人员，分别是2号、9号、20号，而正常人员不会导致接触人员发生异常，因此可以在以上链条的基础上反推，排除与正常人员接触的人员关系链。具体如下：

> 4号—5号—9号（9号安全）
>
> 4号—1号—2号（2号安全）
>
> 14号—17号—20号（20号安全）
>
> 19号—14号—17号—20号（20号安全）
>
> 19号—20号（20号安全）

那么还剩下：

> 4号—5号—11号—14号
>
> 4号—1号
>
> 14号—19号—18号—12号—13号
>
> 14号—17号
>
> 14号—11号
>
> 19号—14号—17号
>
> 19号—14号—15号
>
> 19号—18号—12号—13号

结合接触关系的信息，我们可以逐渐简化关系链，得到关键关系链。

（1）根据11号-14号异常等级为A，可以认为几乎没有影响，暂且排除这组关系；

（2）根据4号-1号异常等级为A，可以认为几乎没有影响，暂且排除这组关系；

（3）根据14号-17号异常等级为A，可以认为几乎没有影响，暂且排除这组关系；

（4）根据14号-15号异常等级为A，可以认为几乎没有影响，暂且排除这组关系。

其他接触关系链条暂时保留，综上可以将接触关系链简化为以下这种结果：

> 4号—5号—11号
>
> 14号—19号—18号—12号—13号
>
> 19号—14号
>
> 19号—18号—12号—13号

我们发现时间上处在接触关系链最早的人员分别为11号、14号和13号，可以暂时确定11号是4号异常的感染源头。

接下来我们开始比较14号和19号之间的关系，我们发现14号的其他接触关系链均已排除。因此我们可以断定，14号与19号同在一条关系链上，其感染源头为同一个，即13号。

《制霸！星辰大海》

挑战设计

每位选手会得到一张隐藏海岛符文与数字关系秘密的图片。选手破解出符文与数字的关系后，根据盘面的数字及适合的指令绘制行进路线，共需完成3张图片的路线，然后将这3张图片叠加，观察3种颜色的路线共同勾勒出的区域是否与正确岛屿的位置相符。

挑战盘面由一千多个六边形单元格组成，每一个单元格中均有一串代表数字的符文。每个盘面都有一组对应的起点和终点。

挑战例题

【入门难度】

一个 12×8 的数字盘面，左边的红色 19 是起点，右边的红色 8 是终点。仔细阅读下文中的两条指令，领会指令的含义（指令包含了判定条件和执行的方向）。从中找出正确的指令，正确的指令可以帮助你找出一条从起点至终点的路线。请标出正确的指令，并在盘面上画出这条路线。

3	11	22	93	95	76	25	42	58	54	8	8
72	14	85	66	71	9	12	34	95	75	97	98
97	4	92	90	96	64	99	64	58	57	90	47
17	34	56	53	38	12	77	98	19	82	81	94
62	94	79	40	20	5	31	99	50	12	74	20
50	13	64	38	20	37	72	61	13	83	48	68
19	44	4	87	46	76	34	66	68	55	1	47
55	11	7	17	41	3	42	29	64	29	5	11

指令1：

如果当前数字是奇数，请你向上走3步或者向右走2步。
如果当前数字不是奇数，该数字乘以2后小于35，请你向左走1步或者向右走1步。
如果都不是以上情况，请你原地不要动。

指令2：

如果当前数字是偶数，请你往左走2步或者往右走4步。
如果当前数字不是偶数，该数字乘以3后小于99，请你往下走3步或者往上走2步。
如果都不是以上情况，请你原地不要动。

【答案】：指令1是正确的。

【中等难度】

一个 40×30 的数字盘面，左边的红色是起点，右边的红色是终点。请理解下文中三条指令的含义：指令包含了判定条件和执行的方向。从三条指令中找出正确的指令，正确的指令可以帮助你在地图上找到一条从起点至终点的路线。

请注意，按照正确指令走出的路线全程都在地图内，且该地图有且只有一条正确的路线。请标出正确的指令，并在地图中画出这条路线。

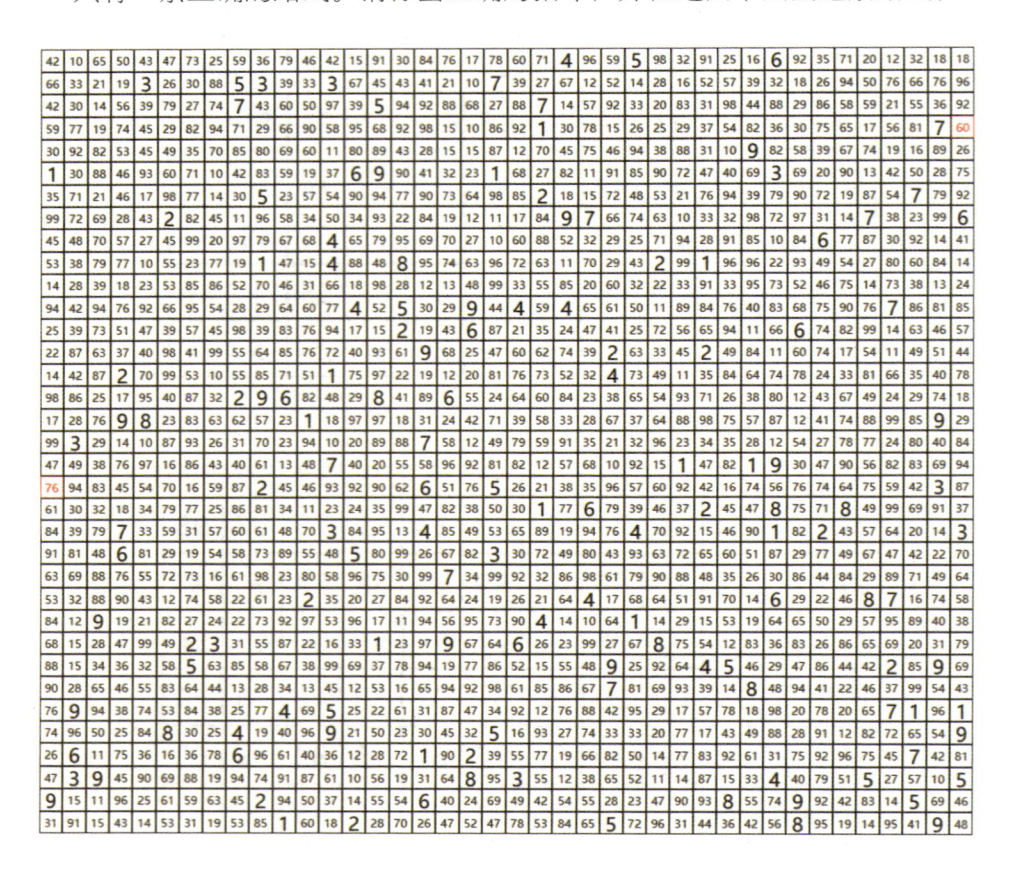

指令1：

if num*2 >132

then 上2 or 右6

else if num%3 =1

then 下3 or 左3

else stay

指令2：

if （num-3）是质数

then 上4 or 右5

else if num*2 <51

then 右4 or 下5

else stay

指令3：

if num/2 <41

then 左3 or 右4

else if num%6 是奇数

then 下2 or 右5

else stay

注意：

1. num 为"当前所在框框内数字"，else 为"或者"，stay为"留在原地不动"。

2. %为"求余"。比如，15%3＝0，表示15除以3后，余数为0；17%3＝2，表示17除以3后，余数为2。

答案：指令2是正确的

【中等进阶难度】

有3个盘面和5条指令,每个盘面的起点位置和终点位置已标记,需要用指令推理出3条航线,3条航线互相交叉合围的部分为目标岛屿图,若最终航线叠加的图与目标岛屿图一致,则挑战成功。

指令1:

if (num+5) 是质数
then 上 3 or 右上 4
else if num/3 < 17
then 右下 4 or 下 5
else stay

指令2:

if num%7 < 3
then 上 3 or 右下 5
else if (num + 17) 是质数
then 下 7 or 右下 4
else stay

指令3:

if num%3 = 0
then 右上 6 or 上 4
else if num/5 > 11
then 右上 3 or 右下 4
else stay

指令4:

if num%6 是质数
then 上 5 or 左上 4
else if num*2 > 76
then 右上 3 or 左下 4
else stay

指令5:

if (num+6) 是奇数
then 右下 4 or 下 6
else if num%6 >2
then 右上 5 or 右下 3
else stay

注意：

1. num 为"当前所在框框内数字"，else 为"或者"，stay 为"留在原地不动"。

2. % 为"求余"。比如，15%3＝0，因为15除以3后，余数为0；17%3＝2，表示17除以3后，余数为2。

盘面1：

盘面2

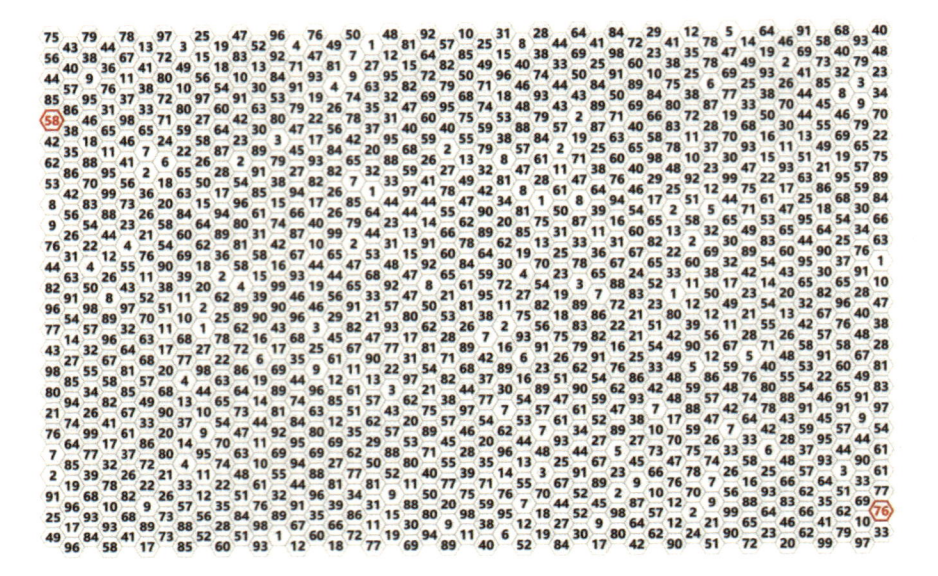

盘面3

解题思路

首先研究指令，每一条指令的走势和走的步数都是不同的。研究指令的方向和步数后，结合盘面的起点和终点，推理出某些指令在这个盘面必然走不到终点。

也可以进行逆推，用逆向思维从终点找到可能到达的起点，也可排除不适用的指令。

若找到第一、第二条航线后，可以将第一块盘面和第二块盘面叠加起来。因为三块盘面叠加后，三条路径交叉围合的部分为小岛，所以走第三条航线时，就可以参考前两条航线的走向，帮助加速判断适用于第三条航线的指令。

对于这种盘面较大、方向较多的题目，可以通过穷举法找到每一条指令在盘面上的航线，也就是用每一条指令对盘面上的数字进行运算，将每一次运算的结果都标记出来并连成线。但是这种穷举法非常耗时费力，同时会使作答结果不清晰。因此，我们引入两个新的解题技巧，来帮助我们更高效、更快速地解题。

第一个解题技巧：对所有指令进行宏观的观察，主要观察指令产生的方向并进行比较。操作如下：将盘面上的起点和终点连接起来，将指令产生的行进方向与起点到终点的大致方向进行比较，如果方向相差过大，则暂时不考虑；如果方向大体一致或有相似的走向，则这个指令从大概率上看是正确的，值得优先进行验算。

第二个解题技巧：对于一条正在进行验算的指令，主要验算靠近终点方向的判定条件。操作如下：对于该指令的每一步验算结果，如果其中一条前进的分支指向终点或其末端比另一条分支的末端更靠近终点，则意味着从这条分支继续验算的结果更有可能到达终点。那么我们优先验证这条分支，在这条分支的末端进行下一步验算。

盘面1~3的答案

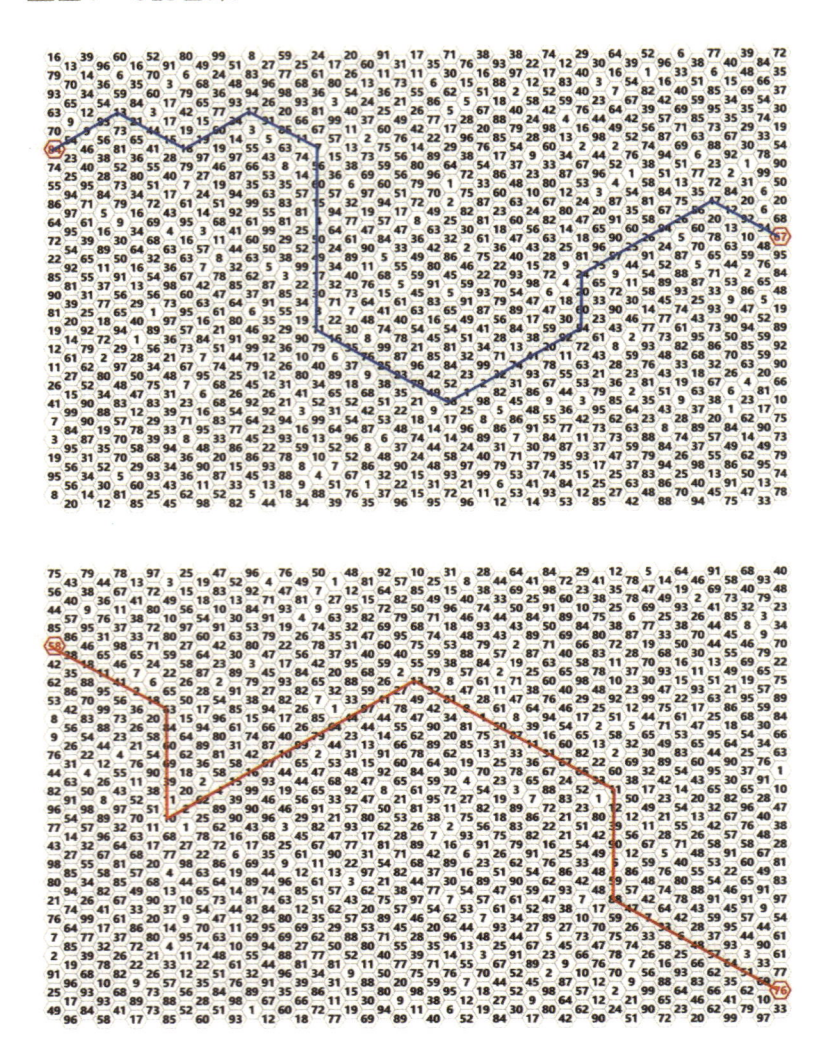

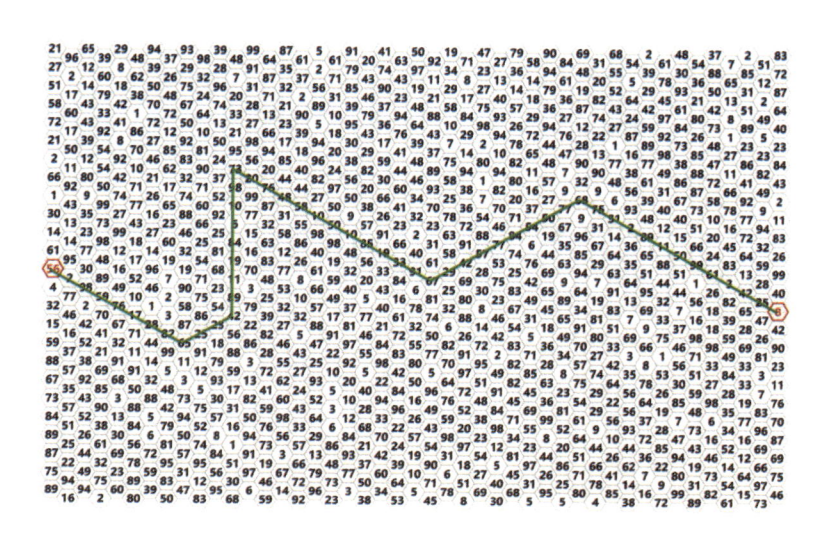

把3个盘面上的正确航线叠合在一起，就可以得到目标岛屿的位置。

超脑挑战项目是怎么设计出来的

在《超脑少年团》的节目录制过程中，我们常常能看到嘉宾和选手在现场惊叹："这些烧脑的挑战项目究竟是怎样设计出来的？"其实有时候就连节目组的编导们回看自己曾经的"较真儿"，都觉得不可思议。因为观众在节目中看到的每一个挑战项目，都是编导们为了让它更严谨、更好看、更有意义，付出巨大艰辛完成的。

出题故事之《天际线云图》

为了出这道题，拍出一张既有难度又有意思的照片，导演们流了很多汗水，付出了很多时间，过程的曲折和严谨令人难以想象。8位导演周一到周五在办公室上班，周六和周日就会去全国各地飞，整整拍了一个月。有时候，导演在飞机起飞后才发现，很多外部因素导致照片不一定合格。

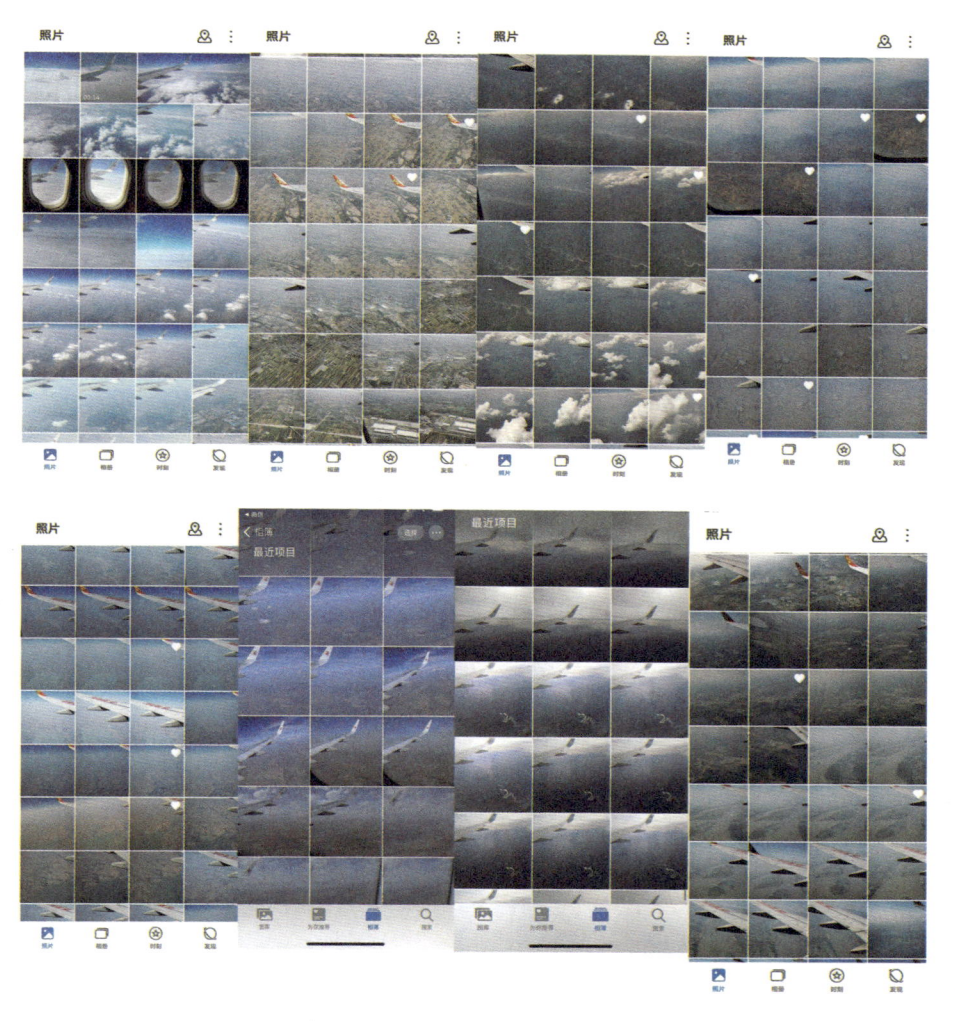

导演在全国各地拍的一小部分照片

比如，为了让选手判断出方向，拍照时要有充足的阳光，以及没有云层的遮挡。实际情况是，飞机飞到6000米的时候还能看到地面，升到8000米时，突然来了一片云，地面被全部挡住，无法拍出合格的照片。

有时，还会遇到飞机没有按照原定航线飞行，飞行航线发生了偏差。导演原计划是坐在飞机的右侧，拍一个形状奇异的湖泊，但由于航线偏离，飞机离湖泊太远，导致拍摄出的湖泊很模糊，或者根本无法从飞机的右侧窗户中看到湖泊，而是从飞机的左侧窗户才能看到。

导演从飞机上拍摄的图片

为了拍摄角度，还要根据机型选择好座位的排数。选择靠窗位置时不能单纯看座位的编号，同一航空公司甚至同一机型的座位排布都是不一样的，每趟航班都要参考机翼的实际位置来选择。机翼后方1～5排的位置拍摄效果会好一些，比如川航3U8210的机型是空客320-200，在最近值飞的班次中选择座位号为44K～48K时，拍摄效果最佳。

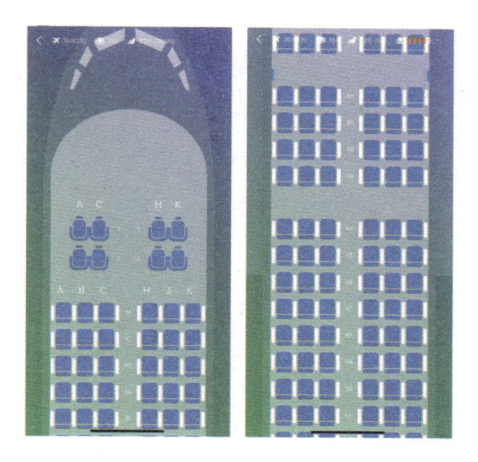

机舱座位图

还有一个更常见的问题就是飞机延误。本来做好了拍摄前的所有准备,结果飞机从白天延误到了晚上,彻底白飞。导演组坐一趟飞机,本来能拍500多张照片,但到了晚上就没办法拍摄了。

夜幕下的城市上空图1

夜幕下的城市上空图2

拍摄过程中，还会被其他乘客和空姐误会，被他们用异样的眼光观察，他们可能会想：这个人好像从来没有坐过飞机一样，对着窗户全程都在拍个没完。其实导演们坐飞机早都不感觉到新奇了。

偏远地区的航班一般两天才有一趟，考虑到天气等因素，所有出题组都是8位导演周末出去飞一到两趟。每周进行汇总，一趟航班选出50处标志性照片，由每位导演各自阐述，然后交叉做题，最终筛选出一张大家都认可的可以作为题目的照片。

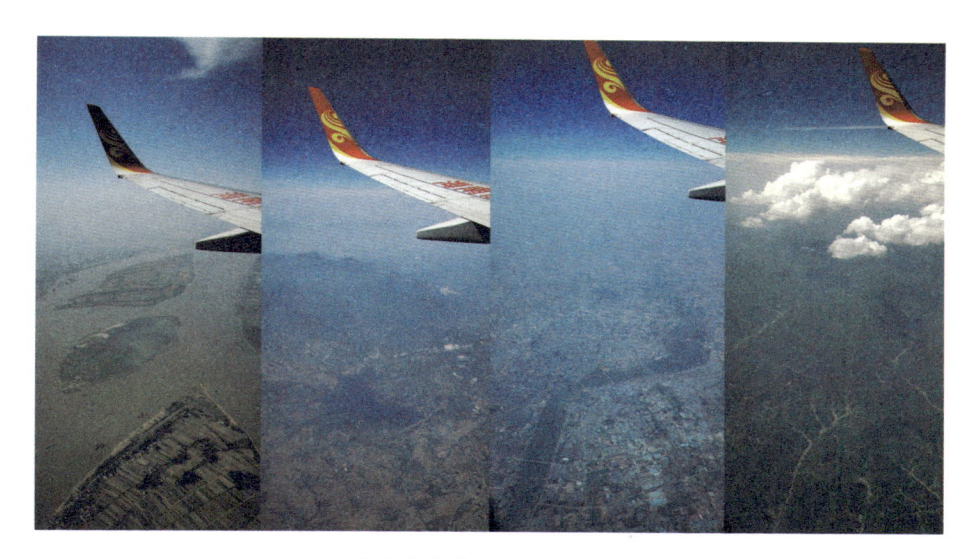

导演们拍摄的出题示例1

导演们拍摄的出题示例2

导演们拍摄的出题示例3

导演们拍摄的出题示例4

导演们拍摄的出题示例5

出题故事之《隐秘的角落》

《隐秘的角落》项目真是硬生生地把节目组导演弄成了施工人员。

从表面上看,迷宫整整齐齐,选手在里面穿梭顺畅,实际上迷宫内部是乱线交织的。这个项目的墙体里面放置了连接总电源的电线、连接摄像头的电源线和网线。这么一说,听起来也没有很复杂啊!大家不知道的是,这个项目一共有80个摄像头,每一个摄像头都是这样的配置。当这些线散落在外面的时候,总导演的血压就会飙升。

为了确保80个藏在各个角落的摄像头能够全部正常拍摄,在场下准备道具的时候,导演需要对这些摄像头逐一排查。为了确保每一个摄像头都检查过,导演手拿电脑在迷宫"工地"里一条网线一条网线地做好连接,一个摄像头一个摄像头地修改配置、调整参数,从墙体里一根一根地把电源线捋顺。三四百根线都要从道具墙体里和地面下穿过,长度最长的大约有几十米。即使顺完了这些,也并不能高枕无忧。任何一个摄像头没有反应,都要排查到底是电线的问题,还是摄像头的问题,抑或是网线的问题,又或者是网络配置的技术问题……于是,导演们又要把道具墙体打开重新检查,真是"剪不断,理还乱"。这个道具墙体会在前一天晚上10点搭好,然后导演再花10小时接线、检验、排查、再检验。为了让第二天中午录制顺利,导演们可是一夜没睡。不过,最后在现场验证的过程中,一气呵成,一次全亮,《隐秘的角落》项目组的导演流下了欣慰的泪水。

还有个小插曲,其实总导演在录制这个挑战项目前,预留了3小时的时间。如果现场出现问题，可以进行排查维修，这个情况也跟嘉宾们沟通过，告诉他们这个挑战要从中午12点录到晚上9点左右，让大家都做好心理准备。结果当天下午6点就顺利录完了，嘉宾们都非常开心，居然收工这么早。这也深深地印证了"台上一分钟，台下十年功"。这句话不仅是对台前的表演工作者说的，也体现了我们幕后导演的精神，台下的保障尽力做到最好，台上才能够有最好的呈现。

出题故事之《来自星星的TA》

这个挑战是撑起《超脑少年团》门面的第一个项目，为了设置这个挑战，节目组前前后后调研了足足两个月。

为了尽可能让项目的情景更加真实，节目组费了很大的心思在道具呈现上，不但搭建了机舱，还弄来了客机的座椅。当然，这只是它的表现形式而已，真正让节目组头疼又耗尽心血的是场景中的票据。

为了凸显超脑少年们的聪明才智，节目组准备的题量非常大，实实在在地在机舱中吊挂、摆放了1000张实体票据。为了保证题目的准确性，近10位导演反反复复检查这些票据是否有缺漏或者印刷错误。导演们白天要协调配合各个工种进行彩排，只有在夜深人静的时候才有机会检查票据。这一检查，就从深夜到了白天。

出题故事之《紧急呼叫》

节目组差点儿就要变成古早博物馆了！

为了渲染超脑少年们在紧急情况下表现出的智慧和担当，节目组设定的任务是从老旧家电里拆出可用零件，制作一部能拨通并能够通话的手机。这些上了年纪的家用电器可不好找，导演们的足迹遍布了大大小小的旧货市场。当然，这些也只是呈现形式而已。

为了确保任务是可行的，也为了确保选手在完成过程中使用任何零件组接都不会发生安全问题，也不会因为零件的问题而影响作答，节目组在筹备期间做出了大量的尝试。就拿零件组合方案来说，节目组和专家发现有些不同功率的电子元件组接在一起容易短路或供电不足。还有在准备电源方案时，我们一开始选用的是3C航模电池，它的电压是12V，但是我们准备的SIM模块最高只支持9V，所以需要配12V转9V的稳压模块。一旦没有这样组接，就会损坏主板，引起一些安全问题。此外，我们还发现航模电池的主体很软，考虑到有些选手年纪较小，在使用尖锐物体刺穿电池时有引发安全隐患的风险，所以最终没有采用这种电池。后来，我们还测试了输出为9V2A的220V电源适配器，但是发现它的供电情况很不稳定，会导致通话时断时续，甚至短路。最终我们选择了18650型锂电池，它带有专用的电池盒，并配备了电源保护板，两节串联在一起是9V，可以直接用在支持9V输入的主板上。另外，为了测试信号是否稳定，会不会受到录制现场很多无线设备的干扰，导演们还特地跑到其他节目组，在录制的同时和专家组一起进行测试，这才保证了挑战任务的安全进行。

第 5 章

5

超脑少年自述成长心得 Q&A

党一桐：
编程小高手，汉服达人

　　党一桐，17岁，来自陕西西安，就读于西安交通大学钱学森学院，是一名少年班的学生，航空航天爱好者，喜欢计算机编程，热衷于汉服推广。

　　能使用 C/C++、Python，以及Golang语言编写编程项目，已经开发多个编程项目，目前正在开发AloLang计算机语言。

Q：为什么参加这个节目？

A：我的想法是能够认识一些比较强的选手，和他们交朋友，拓展自己的人脉，激发自己的潜能，让自己在和对手对战的过程中进步，同时也能够通过节目提升自己各方面的能力。我不害怕挑战，如果被打败了，我能够认识到自己的不足，有助于提升自我。

另外，我在计算机编程、逻辑思维方面相对于同龄人有一些优势。我目前参加的科研项目需要对已有的知识进行综合运用，我从中锻炼了知识运用的能力。

Q：你最近开发了什么项目？

A：我最近在做一个新型编程语言的项目。在之前的编程过程中，我发现很多语言用起来不是非常顺手，尤其是在分布式计算和多线程计算方面。在进行团队开发时，团队里的每个人擅长的语言是不一样的，必须提前选定一种语言才能统一进行开发，这种情况对团队成员来说比较难，因此我产生了自己开发编程语言的想法，并且组建了团队。我们的目标是开发一种能够混合使用多种语言的，同时能够方便进行多线程以及分布式计算开发的程序语言，让这种语言的流行度能够与谷歌公司的Go语言不相上下。

Q：你理想的工作状态是怎样的？

A：我的梦想是在航空航天领域或者计算机科学领域进行研究工作。我理想的工作状态就是能够专注地进行研究。

我觉得在实验室工作，相比于在互联网公司等企业工作会相对轻松一些。这种轻松主要体现在工作的条理方面，在实验室里工作，一切都是很有条理的。但是在互联网公司工作，要应对整个公司里上下层级之间的管理关系，不容易将自己的想法快速地转化成实际的东西。我更倾向于进行纯粹的科研工作。

Q：你觉得自己可以改变未来吗？

A：我相信我能够在未来改变程序语言。因为我接触这个领域比较早，我现在才17岁，人生的道路还很长，在今后这么长的时间里，结合我沉淀下来的经验，未来一定能够做出对这个领域产生颠覆性改变的东西。

Q：你为什么选择穿汉服来参加节目？

A：我接触汉服最早是受妈妈的影响。汉服其实是一个文化符号，代表我们的文化传承。

我选择穿汉服来参加节目，是因为这样能够让更多的人看到汉服，引领他们对汉服和汉文化有更深的了解，让他们能够更多地去了解汉文化相关知识，对汉文化的传承起到很好的作用。

Q：自学编程会是你的劣势吗？

A：初一的时候，我在图书馆接触到编程相关的书籍，每天中午在图书馆学习大概一个半到两个小时，周末回家就在电脑上进行一些操作。我是完全自学编程，主要通过阅读书籍，在网上查阅资料进行学习，没有参加相关的培训课程。

但是我并不会因为自学编程而在科班出身的选手面前不自信。因为很多语言已经集成了相关的算法库，所以即使我并没有系统地学习过算法等相关知识，在节目中我也能够调用算法库里面提供的函数完成题目，在这方面我与科班出身的选手相比，应该没有太大的劣势。因为我完全是自学，通过一个一个项目进行学习，在做项目的过程中，我也积累了很多编程经验，所以相对于科班出身的做算法的选手来说，我在项目的整体构建上更有优势。

总的来说，自学编程反而可能是我的优势，因为有很多相关的知识是自己总结的，同时也会有一些不寻常的编程思路。

Q：你有喜欢的超级英雄吗？

A：我最喜欢的超级英雄是钢铁侠，因为他的能力是通过他的技术创造出来的。我觉得天生拥有超能力，跟自己的努力关系不大。而自己通过技术创造出来的超能力能够一次一次地改进，从而使自己的能力得到提升，让自己得到成长。

Q：你从小到大最高光、最开心的时刻是什么时候？

A：我最开心、最高光的时刻是我知道我被西安交大录取的时候。当时我非常开心，觉得自己这么长时间的准备、这么长时间的努力有了一个结果。

我在准备考少年班的时候在体育方面遇到了巨大的困难，因为我从小就体弱多病，体育成绩一直不是很好。少年班复试时，如果体育成绩不达标会被一票否决，所以我整个寒假都在练习体育，每天逼着自己去跑800米，成绩提升了1分钟，最后成功地通过了体育考试。

刘洁洁：
"逆行力"满分的种子选手

刘洁洁，13岁，来自贵州省镇远县的普通家庭，性格活泼开朗，梦想是考上清华大学。

学习成绩全县排名前五，同时学习舞蹈、书法、演讲等并获奖。数学成绩很好，思维敏捷，但是没学过编程，不能熟练使用电脑。

Q：你为什么想来参加《超脑少年团》？

A：我在学校看到了这个节目的报名通知，就非常想参加。虽然在全国范围内我很渺小，但是我觉得有梦想还是要去试一试，万一成功了呢。我的梦想是考上清华大学，我报名参加这个节目，也是想体验一下，万一最后我能去在清华大学举办的未来营呢。

Q：你为什么想去清华大学？

A：因为身边很多人都说清华大学好，我就被熏陶了，觉得清华大学哪儿都好。后来我看到一本书，讲的是作者们是如何考上清华大学、北京大学的，那些作者都好厉害，高考分数也很高。我很喜欢清华大学这所学校，考上清华大学是我的一个梦想。

Q：谁陪你来参加这个节目？

A：收到节目组的邀请后，我就准备来江苏参加节目，妈妈很担心我，要和我一起来。我们当地的教育局也不放心我们来这么远的地方，就派了一个姐姐陪我们一起过来参加。

Q：你最喜欢的学科是什么？

A：我最喜欢的学科是数学。

Q：你最喜欢的一本书是什么呢？

A：我最喜欢的一本书是杨绛先生的《我们仨》。

Q：跟我们形容一下你妈妈是什么样的人？

A：我妈妈是一个刀子嘴、豆腐心的人。平常她总会说我，但是她又会默默地帮我做很多事情。如果用百分制给妈妈打分的话，我打97分，扣了3分是因为她有时候太啰唆了。

Q：为什么妈妈这么期待你在学业上取得成绩？

A：我觉得可能是因为她觉得在我们那个小县城她好不容易培养出一个比较优秀的女儿，她希望我更加优秀一点儿。

Q：你的爸爸是一个什么样的人？

A：我们家里只有爸爸一个人在外面工作，他在建筑工地干活。他在外面辛苦工作一天，晚上回来后会和我一起讨论题目，给我讲解题目。我觉得他是一个风趣幽默的人。

Q：你做过最有成就感的一件事情是什么？

A：上次月考我考了全年级第一。

Q：你现在有没有烦恼的事情？

A：现在我没有遇到特别烦恼的事情。我觉得我比较幸福，家庭很幸福，爸爸妈妈对我都很好，在学校有很多同学和朋友，他们也对我很好。不管在哪个地方，我都有很好的人陪伴，没有什么烦恼。

罗闻章：
聪明捣蛋，搞笑担当

　　罗闻章，12岁，来自北京师范大学附属实验中学，初一在读，喜欢玩游戏，爱耍小聪明，是个调皮捣蛋鬼。

　　2019年、2020年连续获得CSP-J（非专业级软件能力认证）第二轮一等奖，2020年度AMC8（美国数学邀请赛）全球参赛者中排名前1%，得分23分（中国大陆地区第26名）。

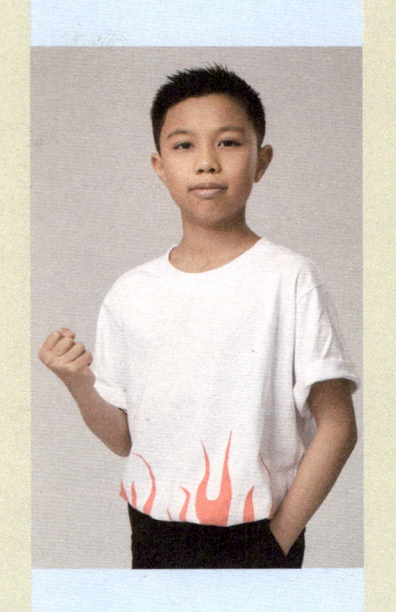

Q：你为什么想来参加这个节目？

A：我想给自己一个展示的机会。虽然我学习不差，但在同学们的印象里，我是很淘气的人，我想做一些改变。

Q：你打算在节目中待几期？

A：越长越好。

Q：是因为想赢得越多越好，还是因为想玩？

A：想玩，也想赢。

Q：你平常好像不是这种特别想赢的人？

A：也不是不想赢，有时候明知道别人实力比我强，我怕输了丢人就放弃了。其实我每次接触一个新的东西，总是想把它做到最好，可是时间长了就没兴趣，坚持不了，或者成绩不好了就容易自暴自弃，所以我妈说我总是虎头蛇尾。

Q：喜欢你妈妈多一点儿，还是害怕你妈妈多一点儿？

A：喜欢我妈多一点儿。

Q：你觉得妈妈哪些行为是爱你的呢？

A：我好像说不出来她哪些行为不是爱我的。

Q：你觉得自己哪些地方比较强？

A：我觉得自己学过的算法比较多，平常感兴趣的各方面知识也比较多，只是我都学得比较杂、比较浅，因为我比较懒，不喜欢做深入研究和反复练习。

Q：你最喜欢哪个超级英雄？

A：我不喜欢超级英雄。因为我觉得那些超级英雄其实是不存在的。也许他们存在？但是离我们很远，或者我们可能不知道。我喜欢科学，喜欢科学能证明的确定的东西，这些让我安心。

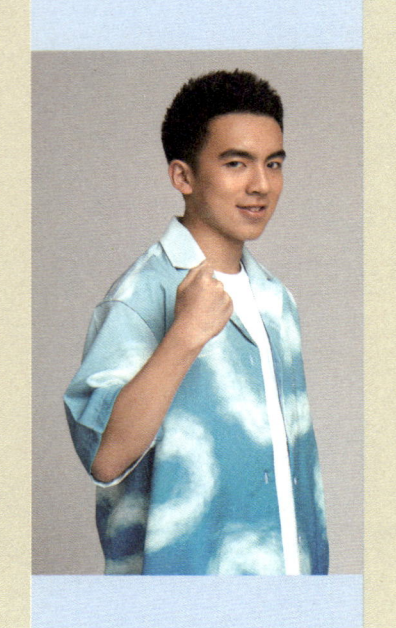

马钦伟：
实力在线的"社交达人"

马钦伟，18岁，来自华东师范大学第二附属中学，喜欢唱歌，尤其喜欢音乐剧，还喜欢各种球类运动，自称"短跑健将"。

高二获得全国中学生物理竞赛一等奖（金牌），并以全国第26名的成绩进入国家集训队，目前已被保送清华大学。

Q：请你用三个词来形容一下你自己。

A：天才、乐观、话痨。我觉得自己社交能力很强。别人可能会说我在学习上有天赋，脑子好使，但是又有点儿调皮。

我在和别人交朋友的时候，不会很看重自己的学习成绩，我身边有很多很好的朋友，其中很多都是成绩一般的。我不是很在乎成绩，我更在乎的可能是一个人的性格或者跟我聊天是否投机。因为我自己是一个话痨，所以别人不怎么回应我的话，会让我觉得很尴尬，我也就不喜欢和他聊天。

Q：你为什么来参加这个节目呢？

A：我来参加节目，一方面是想过来玩一下，因为这段时间没有什么特别重的任务，能体验一下也挺好。而且超脑少年这个名字说的不就是我本人吗？这是为我量身定制的节目，如果我不来感觉有点儿可惜。另一方面，现在身边有挑战性的事情有点儿少，我平时可能自己随便学学、踢踢球，都是没有太大目的性的事情。所以我想给自己设立一个明确的目标，有挑战性的事情会让我的生活更充实。

Q：你最理想的生活状态是什么样的？

A：我的偶像是艾玛·沃特森，电影"哈利·波特"系列中赫敏的扮演者。虽然她的拍戏任务很繁忙，但她还兼顾了学业，以全A的成绩进入了布朗大学。她现在还在做很多她喜欢的事情，比如推广读书和争取男女平等，她是一个把兴趣和事业结合得非常好的典范。

我想要的生活就是可以把我的爱好和事业兼顾起来，也不用赚太多钱，够用就行，每天都要开开心心的。

假设我开了一家公司，我希望把大部分工作交给手下的人干，我把控公司的大局就行了。比如，每天在公司办公半天，剩下的半天就可以用在我的业余爱好上，比如唱歌、踢球、打羽毛球等。因为我的爱好很多，需要更多的时间用于这些爱好上，如果疲于工作，每天"996"（指早上9点上班，晚上9点下班，一周工作6天），我可能就没有时间去完成了。所以，我希望我的工作和业余爱好是平衡的，这种想法有点儿理想主义，不过大概就是我理想的生活状态。

Q：你人生中的高光时刻是什么时候？

A：目前感到最高光的时刻，就是进入保送名单的那一刻。当我看到自己的名字在保送名单里时，我还在杭州参加竞赛，当时激动得饭都不想吃。我的房间在8楼，坐电梯的人很多，我等不及坐电梯上楼，就一路爬楼梯上去，一边爬楼梯一边给我妈打电话说："妈，我保送了。"至今想起来仍然很激动。

Q：你最想要的超能力是什么？

A：我是"哈利·波特"迷，我最喜欢"幻影显形"。"幻影显形"是"哈利·波特"里的一个咒语，可以让人从一个地方瞬移到另外一个地方。我觉得平时做的很多事情，包括学习都是有意义的事，最没有意义的事可能就是赶路。比如，我从学校到家往返一次要一个半小时，我觉得非常浪费时间，在这个时间里完全可以干很多事情。

时间是我最宝贵的东西了。而且,"幻影显形"还有一点好处,如果我会"幻影显形",我就可以随时随地出去玩。比如,我想去旅游,我要先赶到火车站坐火车,下了火车还要走好久的路,我觉得挺麻烦的。如果我会"幻影显形",我想去美国玩一天就可以通过幻影显形"啪"的一下过去,我比较向往那种说走就走的旅行。

Q:你是如何平衡学习和玩的?

A:我是一个把学习和玩分得特别清楚的人,我有一套自己的平衡方法。我在学习的时候就是学习,玩的时候就是玩,而且我会倾向于集中时间去学习或集中时间去玩。比如,我今天一天以学习为主,那么我可能就会一整天都泡在图书馆里学习。如果我今天是以玩为主,可能就会玩得比较多。我把玩和学习平衡得比较好,而且我也能分得清,这也是我能够放心去玩的原因,如果玩的时候在想着学习,学习的时候在想着玩,那么就学也学不好、玩也玩不好。

Q:你的爸爸会担心你的成绩吗?

A:没有哪个爸爸不担心自己孩子的成绩。我从小学就开始接触电脑游戏了,有时候也会影响成绩。我爸爸不管我的绝对成绩怎么样,只要看到成绩下滑就会担心。但是在小学和初中的时候都还好,因为毕竟那时候他们对我的规划是我将来可能会出国学习,所以就对成绩的要求没有那么高,他们更在乎课外活动。到高中以后,开始参加竞赛了,在备赛的节骨眼儿上,他们就会管得比较严。他们觉得都到这个节骨眼儿了,如果我再不加把劲儿,回头想想可能会后悔。

Q：你是如何走上物理竞赛这条路的？

A：小学的时候我和大多数人一样学习奥数，通过奥数拿到了许多初中的offer，最后选择了上外附中（上海外国语大学附属外国语学校），一所初高中一体并且以出国留学和国内语言类专业保送为主的学校。

在初中时，由于想出国留学，我并没有投入太多精力在理科学习上，更多地把理科学习当作爱好，延续着数学的课外学习，并且在初一时开始学习物理。其实初中的时候我尝试过很多不同的东西，在约翰·霍普金斯大学的夏令营学习了宏观经济学、参加了哥伦比亚大学商学院主办的商赛……但是我发现，相对而言我确实对物理更感兴趣一些。于是初二的时候我参加了省里的初中生物理竞赛，竟意外地拿了二等奖。开心之余，和我一同竞赛的同学陈思远向我提议，问我要不要和他一起去别的高中就读，这样可以更方便进行理科竞赛，上外作为保送学校没有这个条件。我仔细斟酌了很久，最后终于拿定了主意，一方面是我确定了自己未来想要发展的方向是数理相关的方向，但这些专业并不是主流的出国留学申请的专业；另一方面也是因为当时美国放出风声要限制华裔留学生学习STEM专业，既然在国外学不到最核心的知识，那我不如在国内学习。回家和父母讨论后，父母比较尊重我的决定，我便从出国转到了物理竞赛这条路，我将简历递到了华师大二附中——在我眼里全上海竞赛师资最好的学校。就这样，我上高中时来到了华师大二附中。

Q：高二就被保送，你经过了怎样的努力？

A：经过一番专业训练后，高一的我信誓旦旦地踏上了物理竞赛的考场，却铩羽而归只拿了一个上海市二等奖——这对我而言着实不算一个令人满意的成绩。有一天，我踏进教室，发现电视上播放着我的好朋友陈思远的喜报，他不仅入选了上海队，还拿了全国金牌，被保送到了北京大学。受到刺激的我发奋图强，几乎天天中午和放学后都待在图书馆里，游戏也不玩了，甚至有些时候午饭都不吃，就这样刷完了十几本物理书，成绩也迅速飙升。

经过一年的努力，高二的时候我终于顺利进了上海队参加全国决赛。考试前一天我还很紧张，给陈思远打电话寻求他的宽慰。后来我也顺利地拿到了全国金牌，入选了国家集训队，被保送到了清华大学。考完后我第一时间给爸妈打电话，然后向好哥们儿陈思远报了喜。

我和陈思远是互相竞争又互相激励的铁哥们儿。

Q：提前保送后，高三这一年都做了什么？

A：保送以后我有了一年多的gap year（间隔年），也学习了很多不同的东西，练习了德语歌剧，学了计算机，还参加了信息学奥赛，花了不到一年的时间拿了上海市一等奖（高三选手不能入选上海队，这是这个年限的最好成绩），又参加了一些和计算机、人工智能相关的节目和项目，发现自己对计算机的热爱更胜于物理，于是决定进入大学后学习的方向是计算机和人工智能。

崔鐘予：
颜艺双馨的才女

崔鐘予，15岁，来自重庆市合川中学，初三在读，已被保送。喜欢播音主持、古诗词、心理学、逻辑推理。

文理科"双学霸"，曾获得辩论、主持、演讲等50余个奖项。

Q：你为什么选择来参加这个节目？

A：这个节目的核心主旨和价值观是我特别欣赏的。相较于其他节目，这个节目更多的是关注我们"05后"的少年群体，我们是中国的新生力量。我觉得这个节目给观众传导的是一种积极向上的价值观，所以我觉得这个节目非常好。

Q：你觉得什么叫未来力？

A：未来力，我觉得是一种潜力、创造力。因为在未来很多事情不应该是循规蹈矩的，我们应该勇于尝试，勇于创造，而不是一味地活在当下，不懂得往前冲。所以我觉得正值少年的时候，应该有初生牛犊不怕虎的精神，要有创造性的精神，开创属于我们的未来，这就叫作未来力。

Q：你有喜欢的超级英雄吗？

A：我觉得我心中的超级英雄是我妈。我妈真的是一个英雄人物，我从小到大，她又当爹又当妈，她就像一个超人一样维护我的成长，无论发生什么事情，她都帮我顶着，什么事情都难不住她，给我做坚强的后盾，我觉得她是真正的超级英雄。这次参加比赛，我妈让我放平心态，她说淘汰了没关系，没淘汰也没关系，她永远在后面支持我，让我好好地玩，玩得开心就行。

Q：如果现在给你一种超能力，你想要什么样的超能力？

A：我想要隐身的超能力。因为我觉得拥有隐身的超能力可以去任何地方而不被看到，这样我就可以去一些世界名校听听课，想想都开心。

Q：学习之外，你自己最喜欢做的一件事情是什么？

A：我喜欢做播音主持，还有背古诗词。我真的很喜欢中国的诗词文化，我也非常喜欢去朗读，因为在朗读中我可以收获到很多不一样的东西，比如对一篇文章的全新见解，或者可以慢慢地体会作者的写作感情，很神奇。

Q：你觉得自己最大的优点和缺点是什么？

A：我最大的优点应该就是临场应变能力还挺强的，学习能力也比较强，接受新知识非常快；缺点就是有时候在家里会很懒，比如很喜欢睡懒觉，没有人叫醒我的话会睡到中午。

董苏晋：
成熟自信的"小大人"

　　董苏晋，14岁，来自南京郑和外国语学校，初一在读，喜爱课外阅读、科学、创造，尤其擅长数学。

　　曾获得国际教育机器人大会国际赛总决赛勇攀高峰项目小学组冠军，第20届（2021年）江苏省青少年机器人竞赛初中组机器人创新挑战赛一等奖（第一名，入选国赛）、中国青少年机器人竞赛暨全国中小学电脑制作活动（江苏赛区）省赛一等奖等20余个省、市级奖项。用Arduino软件编程设计了一套"温度检测水冷防护服"。

Q：为什么想要来参加这个节目？

A：就是过来看看，跟比自己更厉害的人交流，同时提高自己的能力。

Q：你觉得你最大的优点是什么？

A：自信吧。

Q：你更希望谁能成为你的对手？

A：我想跟比较强的人成为对手，因为跟强者在一起不仅能提高自己，万一有机会打败强者会感觉更自豪。输了的话，不后悔也不觉得丢人，因为毕竟是和比自己强的人比赛。而且这样更能找到自己的问题和差距。

Q：你如果和厉害的人在一起，你在团队中会担任什么角色？

A：不一定是带领队伍的人，但一定是有用的人，是能为团队作出比较大贡献的人。

Q：爸爸妈妈对你有什么期待？

A：就是努力考出好成绩，不管我做什么决定他们都支持我。

Q：你爸爸妈妈管你管得严吗？比如说你成绩下滑了，他们会对你有要求吗？

A：爸爸妈妈平时管我不严。成绩下滑的时候他们会有要求，会和我一起分析问题，看看是什么原因导致成绩下滑的。

Q：你参加的补习班多吗？是你自己想去还是爸爸妈妈让你去的？

A：我参加的补习班不是很多。一般都是爸爸妈妈和我都觉得某方面还可以再提高，有潜力可以挖掘，才会去上补习班。

Q：你觉得你爸妈属于什么类型的家长？

A：我觉得他们很开明，不是那种"虎妈狼爸"类型的。他们会经常鼓励我，比如，每周都会在我们家黑板上面写上一句格言，让我更加努力地学习。这些格言对我来说确实有用，每天晚上回来看到格言就又有动力了。我现在的座右铭是"志当存高远"。

Q：你最害怕什么样的家长？

A：最害怕那种一直碎碎念的家长。我很怕事情已经过去了，家长还要再唠叨。

Q：你用一个词形容你爸爸，用一个词形容你妈妈。

A：我爸爸很厉害，妈妈也很厉害。

Q：那你呢？

A：我觉得我也挺厉害的。

Q：在超脑少年团里，你自己的优势是什么？

A：我觉得我在笔算这一块还是很有优势的。

Q：在学习之外，你最喜欢做的一件事情是什么？

A：就是自己搞搞创客小发明，玩乐高。

Q：你觉得你最喜欢哪个超级英雄？

A：钢铁侠。钢铁侠在《复仇者联盟4：终局之战》中死了，有网友就写了一段话："以凡人之躯，抗生命之力。"我觉得钢铁侠还是很伟大的。

Q：你觉得你自己将来想要成为一个什么样的人？

A：一个独立自主的人，不必太拘泥于某些事情，比较自由。我还想成为一个比较有用的人，能对整个社会进步发挥作用的人。

Q：如果你能有一种超能力的话，你最想要什么样的超能力？

A：可以预测危险的超能力。因为这样不仅能救自己，也能救身边的更多人。

宋昱轩：
动手能人"宋老师"

宋昱轩，13岁，来自南京郑和外国语学校，爱好编程和机器人。

曾获得2019年OBORAVE国际机器人大赛国际赛一等奖，设计的"手动升降晾袜架""老旧小区垂直循环停车系统""民俗古镇汽车电梯地下停车系统"均获得南京市创客大赛的最佳设计奖和一等奖。

Q：你为什么想要来参加这个节目？

A：参加这个节目是我们老师推荐的，报过名后我发现能参加这个节目真的不容易，我做了很多测试题，努力地通过一轮又一轮的面试，一步一步地走过来，我想让自己的努力得到回报。

Q：你最喜欢的学科是什么？

A：我最喜欢的学科有两门，一门是数学，一门是信息。

我从小就喜欢编程。我6岁的时候，妈妈就给我进行编程启蒙，现在我已经对编程很感兴趣了，而且我也能熟练地操作电脑。

我喜欢数学是因为数学是有固定答案的。做一道题，我做对就是做对了，做错就是做错了，解题的过程也是固定的，不需要感性思维，只需要理性地把这道题做对就可以。而语文、英语需要背很多东西，做阅读时还要去分析作者的情感，这些是我需要提高的。

Q：学习之外，你自己最喜欢做的一件事是什么？

A：学习之外，我最喜欢的还是编程。

Q：你最喜欢的超级英雄是谁？

A：我妈妈就是我的超级英雄，没有哪一个虚拟的人物能替代她。我的妈妈是一位教模拟电路的老师，模拟电路是一门很难懂的课程，但她都能把学生教得明明白白，这是我喜欢她的第一个原因。第二个原因是我妈妈有很强的亲和力，不管是什么样的小孩，只要跟她在一起，她都能把他逗笑。

Q：你想拥有怎样的超能力？

A：我希望拥有控制时间的超能力。比如，我想要时间快进的时候，就可以快进；我想要时间变慢，就可以变慢。如果这道题我做不出来了，我就把时间拉长一点儿，让我多花点儿时间把题做出来。

Q：你觉得你最大的优点和缺点是什么？

A：我觉得最大的缺点就是体察情感的能力不行，如果你给我一个眼神，我不知道你的眼神表达的是什么意思，我可能会错误地解读。我最大的优点就是表达能力很好，比如，我去参加比赛，其他同学都是拿着演讲稿演讲，我可以自然地站到舞台中间脱稿演讲。

Q：你希望你在观众眼中是什么样的人？

A：我希望在观众眼中，我是一个表达能力很强，善于跟队友们达成很好关系的人。我对自己的实力是有一个客观评价的，我在这些队友中不是特别强，所以只需要让观众看到我是认真对待每个项目并且善于表达的人就行了。

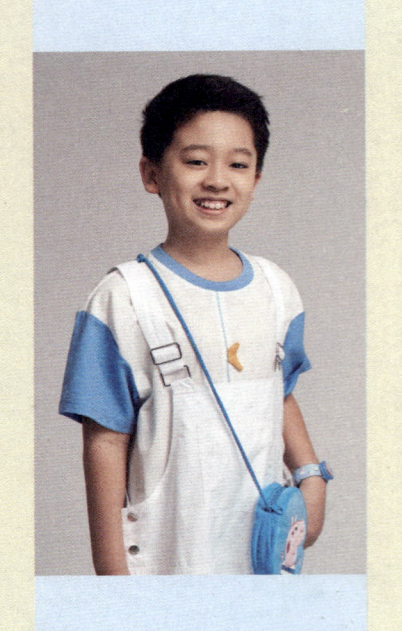

高培淇：
狂爱编程的"小神童"

　　高培淇，10岁，就读于天津和平区万全小学四年级，喜欢数学和编程。

　　7岁自学完高中数学，开始学习编程，曾多次参与百度、阿里等人工智能项目开发。2020年，使用Scratch编程语言制作了病毒传播模拟程序，提醒大家为了安全一定要待在家里，不要乱走，在"学习强国"App上获得了大量点赞。

Q：你希望在这个节目中学到什么？

A：我希望可以学到一些思维技巧和应对挑战的经验。我希望遇到比较强的对手，挑战更高难度的项目，这会让我变得更强。

Q：你觉得爸爸是一个什么样的人？

A：我爸爸是一个可以陪我学习的人。我爸爸每周六、周日都会坐在我旁边，我学习，他也学习。我最佩服我爸爸的一点是他可以待在我身边学习，我给我的爸爸打满分。

Q：爸爸是怎么教你自学的？

A：我爸让我自学数学。他找来了从小学到高中的数学教材和很多数学资料，研究了好多天后，有一天对我说："高培淇，你看看这些资料，我划掉了一些章节，那些章节到时候学校的老师会讲给你，你要用最快的速度看完，然后你要把我画线的几道题做出来。"就这样没有多长时间，我就很顺利地学完了从五年级到高中的课程，甚至中间穿插了一些大学的数学章节。另外，他也教会了我如何做笔记和做学习计划。

Q：如果明天就是世界末日，你只能选一样东西，你会选什么？

A：电脑。因为电脑上可以写程序，不想写程序了还可以干别的。但是为什么我不选择带手机？因为电脑的电量一般都比手机大，可以干很多事情。

Q：你最喜欢哪一个英雄人物？

A：我最喜欢钢铁侠，因为钢铁侠是动漫人物里唯一会写程序的，他还可以守护身边的人。

Q：你想要拥有什么样的超能力？

A：我希望我会分身，这样我的做事效率会成倍增加，可以快速写代码，同时还可以操控几个分身去写作业、打扫房间等。

Q：用几个词来形容一下你自己。

A：会写程序，能自学，喜欢数学，爱旅行。

Q：你长大以后想做一个什么样的人？

A：我想做一个科学家，研究科学，风趣又热爱生活，像钢铁侠一样。

朱克儒：
"我想成为一个普通人"

朱克儒，14岁，来自杭州市萧山区通惠初级中学，初二在读，喜欢打游戏，因为游戏而进一步研究编程。

曾获得2020年NOIP-ZJ（全国青少年信息学奥林匹克联赛）普及组二等奖，擅长简单的图论和动态规划。

Q：你喜欢看什么书？

A：我喜欢看鲁迅的小说，他的小说比较短。让我印象深刻的是《狂人日记》，给我一种非常震撼的感觉。在他那个时代，面对那么多人的批评，他还能坚持自己的呐喊，他的勇气让人敬佩，他用他的笔唤醒了当时的中国人。

Q：你将来想要成为什么样的人？

A：这种问题一般是有理想的人回答，我不是一个很有理想的人。我想成为一个普通的人，普通是我最大的目标。我如果能好好生活，顺便搞一下学术研究，那是最好的。我不希望我的人生很曲折，我希望它平缓一点儿。

Q：你最崇拜的人是谁？

A：最崇拜的人是冯·诺依曼和罗伯特·塔扬（Robert Tarjan）。冯·诺依曼研究出了博弈论。罗伯特·塔扬创造出来的算法，我都觉得非常不可思议，因为时间很宝贵，他对时间的优化非常难得。

Q：你喜欢哪个超级英雄？

A：钢铁侠，因为他是一个拿得起也放得下的人，这是我非常钦佩的。有时候，我们要追逐一个目标，但是我们不一定放得下，我们要学会放下过去，才能直面未来。

Q：你想得到什么样的超能力？

A：我想要的超能力是自己能够将大脑中的电磁波传播到电脑

上，就是生物电流。我可以把我的数据传到电脑上。人是一种非常伟大而神奇的自然产物，所以我觉得人工智能还有很长的一段路要走。

谭栋泽：
野路子"栋哥"

谭栋泽，15岁，来自东莞市东莞中学松山湖学校，最大的兴趣爱好就是编程。

自学编程，获2020届亚洲和太平洋地区信息学奥林匹克竞赛（APIO）铜牌等多个奖项。

Q：你为什么来参加这个节目？

A：我之前在b站（国内知名视频弹幕网站）发了一些编程类的教学视频，就有老师找到了我，说要推荐我去参加这个节目。当时因为感兴趣就试着报名了，几轮测试之后就通过了。我后来发现这个舞台不仅可以展示自己的能力，还可以在节目中表达自己想要表达的东西。

Q：你想要展示给别人一个什么样的谭栋泽？

A：对技术有热情，比较严谨、有耐心，坚持不懈，不会轻易放弃的我。

Q：你是自学编程的吗？过程是怎样的？

A：我之前玩了一个游戏，那个游戏比较流行二次开发，很多人在游戏上面做插件，我觉得很厉害，就想去学编程。当时，我妈妈想让我去上培训班，但是我觉得编程可以自学，自学能更好地锻炼一个人的能力，而且编程越是到后面就越考验独立解决问题的能力，另一方面也是想省一些钱，所以我就选择了自学。我花了200块钱去买了两本书，然后开始自学，那个时候没有电脑，只有一部手机。我妈可能觉得我是三分钟热度，不一定能够把它学好，就没有给我买电脑，但是我一路学下去，学了一年多。后来终于买了电脑，我参与开发了很多项目，也在网上帮别人写程序，拿到程序的客户大多很满意，他们可能并不知道帮他们写代码的是一个初中生，就这样一路学到现在。

Q：你觉得自己的优点和缺点是什么？

A：我的优点是比较有耐心、有毅力吧。因为学编程时什么资料都没有，我一个人到处查资料，遇到了各种问题，也绕了很多弯路，学了很多年，是靠耐心和热情坚持下去的。

我的缺点是比较容易紧张，在比较大的场合或者关键的时候会发挥不好，计算的速度比较慢。

Q：你最想要成为一个什么样的人？

A：我想自己创业，不依赖别人，想通过自己的努力对社会做一点儿贡献，可能我的志向比较远大。

Q：如果拥有一样超能力的话，你最想拥有什么？

A：比如，把时间暂停，或者提高自己的效率。

Q：你最近在生活中遇到的烦恼的事情是什么？

A：感觉文化课的学习与兴趣爱好协调得不够好。

Q：学习之外，最喜欢做的事情是什么？

A：最大的兴趣爱好就是编程，因为我一开始学习编程，最主要的原因就是对编程的热爱。

王悦然：
出谋划策的"小军师"

王悦然，12岁，来自北京八中少儿班，初一在读，数学成绩不错，体育是强项，课余喜欢追星。

曾获"华罗庚杯""迎春杯"等多个奖项，参加过《少年国学派》北京赛区选拔赛，《我要上最强大脑》北京站。

Q：你为什么要来参加这个节目？

A：因为我想看看更广阔的世界。如果一直待在自己的圈子里，会让自己的视野变得狭隘。参加这个节目后，我认识了更多的人，自己的实力以及为人处世方面的能力有所提升。

Q：你将来想要成为什么样的人？

A：我之前想读心理学。因为我之前看到一些报道，有一些孩子因为抑郁症做出了一些过激的行为，我想帮助他们走出心里的阴霾。后来因为这个节目和其他一些事情，我觉得搞计算机也不错，因为跟计算机打交道没那么复杂，只要输入正确指令，就能得到想要的结果。

Q：你最崇拜的人是谁？

A：我之前最喜欢"时代少年团"，现在我最崇拜陈铭老师，因为陈铭老师学识渊博，说话很有道理，总能让我受益匪浅。

Q：你觉得你做过最有成就感的一件事情是什么？

A：我做过最有成就感的事就是在我五年级的时候，被北京八中少儿班和北京人大附中的早培班双录了。

Q：你现在最大的烦恼是什么？

A：目前最大的烦恼就是因为同班同学普遍都很厉害，所以我的成绩不是很稳定，有时候靠前，有时候中不溜。

Q：你最大的优点和缺点是什么？

A：我最大的优点是可以照顾到很多人的情绪，缺点是自制力不是很好，容易受外界影响。

Q：你喜欢哪个超级英雄？

A：我非常喜欢看电影"哈利·波特"系列。我心中的超级英雄是赫敏，因为她自制力很强，在学习方面很专注，我很敬佩她的这一点。而且她在遇到危机的时候，可以保持冷静地去分析问题。

Q：如果你可以拥有一种超能力，你想拥有什么超能力呢？

A：我想拥有隔空取物的超能力。因为我有时候会丢三落四，万一有一天没有带东西的话，我就能用超能力取过来，而不用麻烦家人。

第 6 章

6
超脑少年养成记

党一桐妈妈：
有能力就应该去改变这个世界

我是党一桐的妈妈，来自西安，我目前从事的工作是专业的汉服文化推广。在我眼里，党一桐是一个聪明、温暖的孩子。他3岁就开始识字，从小自己看书，也不需要其他人给他讲故事，他特别愿意自己理解书里的知识，而且特别愿意把书里的知识付诸实践。

党一桐从小到大，不管是生活上还是学习上的问题，都愿意跟我交流。我问他最多的问题就是"你今天在学校里开心不开心""今天老师讲的知识都学会了没有"。我更多的时候是一个旁观者，他只要没有什么原则性的问题，我都是支持他的，让他按照自己的兴趣去发展。我和党一桐之间没有什么沟通上的障碍，如果非要讲的话，可能就是到了现在，我没有办法跟他进一步交流他学的专业性的东西了。

党一桐生活、学习的轨迹非常简单，基本上跟外界没有太多的接触，而且他一般遇到问题会跟我沟通，可能他觉得从我这里能寻求到积极的回应和答案。他现在的这个状态，我还是很满意的。我跟他交流过，问他所有的课余时间都在做项目或者看书学习会不会太辛苦、太无趣，他却觉得现在这种高强度的学习或者用脑是一种享受。虽然我也希望他能像其他青春期的男孩一样出去运动或者打篮球，在操场上奔跑，但是这个期望从实际情况来看，是不太容易实现的。

党一桐成长到现在，我和他爸爸基本上没有干预过他的想法。他很有主见，不管是小升初的选择，还是他自己的兴趣爱好选择，我们都会支持他。但是，我也会在背后做一些调查工作。因为党一桐的学习成绩比较优秀，按照正常的升学流程，小升初时肯定会选择西安的"五大名校"之一。但是，他有一次听了清华大学附中秦汉学校的宣讲，被该校全新的教学理念和科研实力吸引了，说想去这所学校。这所学校当时在西安才刚刚开办第二年，生源不是很好。因为党一桐特别想去，我和他爸爸就专门到这所学校去考察了一次。我们对该校的硬件设施感到震撼，同时也非常认同校长的教育理念，所以就毫不犹豫地让党一桐选择了这所学校。当时周围所有的人都觉得我们疯了，但是我们选择去理解孩子的选择，相信孩子的适应能力。

在培养孩子的过程中会有各种各样的焦虑，但是这种焦虑仅限于我这里，我并没有表现出来。因为党一桐是一个比较安静的孩子，我更愿意带他出去走一走，我经常和几个孩子的妈妈一起，带着孩子们出去长见识。比如，小长假的时候，我们经常会多请几天假，让原本只有5天的假期变7天，7天变9天，然后自驾出去玩。

我常想，我可能不是大多数老师喜欢的那种家长，主要是因为：第一，我不给党一桐的作业签字。如果老师要求签字的时候，我会让他自己签，让他对自己的作业负责。我也是这样告诉老师的；第二，我们可能会在某个节假日不补课，跟老师请假带他出去玩；第三，关于写作业的问题，党一桐长期不写作业。他不想把时间花在写作业这件事情上，因为他觉得他已经会了，要把时间花在感兴趣的机器人、编程等事情上。非常幸运的是，在党一桐成长的过程中，我们遇到的每一位老师都能理解和支持孩子，尤其是他上中学时的徐校长，不止一次地为党一桐的自学之路提供有力的帮助。这些老师，真的是值得党一桐用一生去感谢的人。

学习这件事情，其实修行在个人。有的孩子掌握得快，有的掌握得慢。这种情况下，家长应该是老师的辅助队员，老师在学校里布置的作业针对的是所有孩子，但是家长应该对自己的孩子有一个充分的了解。我知道他不写作业不会对学习有特别大的影响，相反，还可能促进他的兴趣发展，所以我才这样做，我不是那种不讲道理的家长。关于不写作业这件事，我并不赞同所有孩子都不写，毕竟知识的获取和掌握，是需要积累和反复运用的。在学生阶段，大多数孩子必须通过写作业来发现自己学业上的不足和熟练掌握知识的效果。

我允许党一桐的文科成绩不那么优秀，因为我自己有亲身体验。我上学的时候学的是理工科，我的历史学科学得不是很好，而且我对政治学科也没有太大的兴趣。但是我工作以后，尤其是到30岁以后，因为我自己喜欢传统文化的东西，就开始看一些相关的书或视频，这个时候没有人催促，我反而很投入其中。所以，我想当我对一件事情感兴趣的时候，我就很容易掌握它。而我在大学里学的化学、物理等知识，因为在生活中不常用，有可能逐渐把它们忘掉了。党一桐现在也处在这样一个阶段，有些知识他可能现在没有学到、没有学好，但有一天当他需要的时候，他自己一定会把这些知识捡起来。我相信孩子的学习能力。

党一桐的优点很多，我在他身上看到最闪闪发光的东西就是坚持，他为了自己喜欢的事情，真的是废寝忘食。如果他一定要把某件事情做好，就会花大量的时间去学习，为做好这件事去补充知识上的不足，我觉得这一点难能可贵。另外，他对未知的世界永远保持着好奇心。我一直跟他讲，中国传统文化中的儒家思想提到的知行合一、格物致知就是要用知去指导行，要不停地去探索，再用探索出来的东西重新定义认知。

我非常喜欢北宋儒学大家张载，他曾说过："为天地立心，为生民立命，为往圣继绝学，为万世开太平。"我也一直用这样的思想影响着党一桐，使他有很强的信念感和责任感。我经常和他讨论一些有关责任的问题，有的人到这个世界上来，要完成一些社会责任，比如繁衍。但有一些人会做一些改变时代、改变世界的事情。我觉得党一桐有可能成为后者，因为他做他喜欢的事情的时候，就是那种心中有梦、眼中有光的孩子。

因为党一桐小时候身体一直不好，我以前只希望他身体健康，能考一所好的大学，有一份好工作，也可以自己创业或搞科研。现在接触了更多的科学大家以后，我对他的期待更大一些了，我希望他是在未来能改变世界的人，或者为社会的进步能做出一些事情的人。我觉得有能力的人就要负起更多的责任，有能力的人就应该去改变这个世界！

刘洁洁妈妈：
孩子自己安排学习，我只负责照顾她的生活

刘洁洁来参加这个节目，主要是因为她喜欢。洁洁从小就喜欢数学，成绩也很好。既然她想来参加比赛，我就希望她自己能做好，希望她学到一些东西。

洁洁从小就很听话。在学习方面，只要跟她说一句，她自己就会去做，自学能力也很强。因为我们家是在一个小县城里，洁洁主要是在学校里学习，在课余时间，也上了一些兴趣班，比如跳舞、画画、书法、游泳。

洁洁平常都是自己安排自己的学习，我只负责照顾她的生活。她很自觉，这段时间来参加节目，要做比赛的项目，回去还要完成学校的课程，她很担心学习受到影响，所以会花更多的时间在学习上。她有时候也会喊累，我会让她休息一下，但她只是喊一喊，喊完之后会继续学习。

这次来参加比赛，她的实力肯定和别人是有差距的，但是她能来参加，我就觉得很不错了。这个节目给了她一个长见识的机会，因为

节目里涉及了很多编程项目，她从来都没有学过。

我对洁洁的要求就是让她更努力一点儿。我经常告诉她要提高自己，这样以后去外面才能跟得上社会的节奏，不要把自己局限于小县城。我也经常教育她，多看一些书，多做一些题。除了老师布置的作业外，她自己还会学习其他的知识。

对于洁洁的学习，我都不是很懂，比如英语。但是我喜欢听她说英语，我喜欢看她背英语单词，背课文、英语作文，练习英语对话等。而数学方面的问题，她爸爸会跟她一起探讨，激发她的思路。

洁洁的爸爸在建筑行业工作，挑砖、盖房子。我在家给他们做饭、洗衣服，都很辛苦。洁洁从小看我们工作很辛苦，说她一定要考上好大学，帮我们改善生活条件，她觉得我和爸爸太辛苦了。作为母亲，我希望她以后可以当老师，比如高中老师或者初中老师。我觉得她上了班就能轻松一点儿了。但是她和我的想法不一样，她说她要做自己喜欢的事情，学自己喜欢的专业。她想考清华大学或者"985""211"类的大学。她在书桌前贴了一张纸，上面写着"我要上清华大学"。

罗闻章妈妈：
希望孩子有自己的想法，知道将来要干什么

在我眼里，罗闻章特别淘气，说好听的是天真，说不好听的是情商特低，特别不懂事，整天就想着玩，除了玩以外不觉得世界上有什么事对他来说是重要的。从幼儿期开始，我们家里的老人甚至他爸爸都觉得闻章属于那种不正常的孩子，怀疑他有多动症，我坚信他没病，但也许只是亲妈不愿意面对问题。他姥姥曾经偷偷带着他去医院检查，我知道后回家抱着孩子痛哭。闻章至今仍是调皮、坐不住，教育、批评、打屁股都没有用，有时让我们特别崩溃。

为了照顾孩子，我每天下午三点钟下班，回到家就盯着闻章写作业，一直盯到晚上。他几点睡觉，我就盯到几点，中间很简单地做顿晚饭。我去做饭的时候，要把房间里的电子产品拿到厨房，以防他玩，可往往我一进厨房他就去逗我们家猫了。甚至我在他旁边坐着他也不怕，虽然他跑不掉也不能玩游戏，但是会玩笔、橡皮，时常神游天外。别人一小时能做完的作业，他能耗三四个小时，还写得龙飞凤舞。临睡前刷牙、洗澡时，如果我不盯着他，他一定洗不干净。比如洗头发，如果我不督促着他洗，他就只是简单地冲一下，然后一直在浴室里玩水，往往洗完出来，头发还是没洗干净。我觉得他留稍长一

点儿的头发帅气，但实际上无论冬夏他的头发必须剃得非常短，因为他自己不好好洗。这么多年，我基本上是全程陪同，照顾他的学习和生活。我总担心有一天他叛逆了或者我病倒了，他的学业就废了……

身边有不少朋友劝我："你不要管那么细，他就自立了。"可是我尝试过多次，比如我一整天不在家，或者送闻章去亲戚家里住几天，只要我不在他身边一天，他就能放飞一整天，完全不学习、不做作业，他是真的无所谓、不计后果的。现在的老师都特别和善，闻章上课不听讲、不记笔记、时常不交作业，老师不能打也不能骂，顶多就是批评教育，所以他知道不学、不交作业，老师拿他也没办法。从上一年级开始，他每天都是去学校"娱乐"的，上课感兴趣就听听，不感兴趣就自己玩或者神游，基本上不知道作业是什么。

别人家的孩子来参加节目，都是来赢、来学习、来交朋友的，罗闻章是来玩的。来之前，我也从没想过他可能会赢，我仅仅希望他来了以后能受点儿刺激，有所触动。让他看看那些优秀的孩子，他们是什么样的学习状态、什么样的学习成果，让他来感受一下差距。他现在上初中了，依然不知道自己应该干什么，没有学习动力，全凭一点点兴趣，学两天觉得不好玩了、学得辛苦了就果断放弃，无论学习还是搞竞赛，都是如此。他的学习成绩一路下滑，原本我指望，如果闻章竞赛成绩拿得出手，哪怕综合实力一般，有自己的特长，也是有机会进入好高中的。可前提是他得有足够好的竞赛成绩，要处于顶尖的位置才可以。

我一直希望有一天罗闻章能懂事，自己说"妈妈，我要学习了""妈妈，我有一个目标，我要奔着××学校或者××目标去努力"。我总希望他能有积极的想法，知道自己将来要做什么。

我有时也会思考他未来的工作，希望他长大以后能当老师，因为他的性格简单直接。我觉得老师每天面对的是孩子，孩子是单纯的，容易沟通，老师的工作环境也比较单纯，他就可以保持这种天真。如果罗闻章能当一名计算机老师，那就最好了！做一名计算机老师既是他的爱好，也是我的期望。

这次参加节目收获满满，节目组各位老师对罗闻章自始至终的耐心倾听与理解尊重、高度认可与鼓励，让孩子能超乎预期地发挥自己的特长，让我看到他积极好学的一面，让质疑他顽皮的人也看到了他静下来的样子，比如做题的时候、比赛的时候，他能几小时一动不动，这太难得了。有一道程序题目，他接触后特别喜欢，深夜回宾馆也不睡觉，躺床上瞪着眼睛一直在回忆题目中的各种有趣之处。录制结束后他还天天追着导演想要做题，临走还请导演给他拷了一些题目带回家要继续做。原来他在面对自己感兴趣的事物的时候也不是那么多动，也有积极主动的一面，看着台上神情专注的罗闻章，我简直不敢相信这是我的淘气儿子。

崔鐘予妈妈：
做一个省心的妈妈，凡事都让孩子自己先决定

崔鐘予记忆力比较强，不到4岁的时候，有一次她的叔叔用手机发信息，她突然把信息读出来了。我们平时没有教过她认字，一直都以为她不识字。她叔叔也很惊讶，问她："你怎么认识字的？"她说："我看动画片《喜羊羊与灰太狼》，下面有字，我就认识了。"后来，我们就有意识地教她认一些字，看见外面的广告牌或者车牌时，就告诉她是什么字。她可能对一些标识比较敏感，比如银行、商场的标识，她都认识。幼儿园老师也发现了她的这个特点，幼儿园毕业的时候，老师就让她当主持人，跟老师一起主持毕业典礼，她读两遍就能记下一长串诗句和台词。

在成长过程中，我从来没有给崔鐘予做过学习计划。说实话，我觉得女孩子生活得平平淡淡一点儿也挺好的，没必要太拼了。但是她到哪里都比较突出，老师都很喜欢她，所有老师对她的印象都特别好，都很关心她。因为她只要到了学校，就喜欢自己学，不需要别人督促。当我们发现她对什么感兴趣时，就会给她报个兴趣班。但是我们会让她考虑好，要是我们报名交了钱的话，她就要一直坚持学下

去，如果学了又说不感兴趣，要换其他的，那肯定不行，也不能学一半不学了。

我喜欢带她到处走，增加见闻。这是我觉得特别重要的事，因为我觉得见得多了，眼界自然就开阔了，就会不拘泥于身边的那些东西。每年假期，我和我女儿两个人都会有一个亲子游来促进感情、增加交流，在这期间我们是不会谈学习的。我们不一定走得很远，比如说，我们在重庆，我们就坐两个多小时的高铁到成都。在成都的街上走走啊、逛逛啊，这也是一种放松。

因为我对孩子没有特别多的计划和要求，希望孩子能顺其自然，所以我之前从不焦虑。但崔鐘予今年马上要上高中，我虽然不紧张、不"鸡娃"，却还是有点儿小担心。因为我之前挺"佛系"的，从不"鸡娃"，她上小学时从来没让她学过奥数，也没有上过其他学科培训班，而她身边的同学早早地接触了奥数。上初中以后，我发现她对奥数开始感兴趣了，那时候想，如果让她早点儿接触，提前开阔一下数学思维的话，可能会比现在更好。

在培养独立的能力方面，我有一些引导，就是她小时候不管做什么，我都说"你自己先决定"。因为我身边有很多父母替孩子做决定，孩子将来就会找借口说"你让我去学的"，所以崔鐘予非常让人省心，她所有的兴趣班，包括现在学计算机，全是她自己联系老师。她会先去跟老师沟通，然后挑选老师，觉得哪位老师适合她，她把这些事情联系好以后再跟我讲，我就只管拍板。因为我给她找的老师，不一定是她喜欢的和适合她的。她想尝试一下艺考，也是她自己去，老师对她印象特别好，其他小孩全是家长拿着简历去报名，唯独她是自己拿着简历去的，她在这方面很独立。

这次崔鐘予来参加这个节目，从报名以来我一直没操过心。我不懂，但是我也不能给她泼冷水，我会对她说"好的，加油"，我会鼓励她"你去吧，我相信你"，其实我心里还是没底。后来有一天，她说："妈妈，我真的可以去了，我被选上了。"我都不敢相信，节目组打电话通知我，我还以为是骗子，把电话挂了。她把所有事情完成到百分之九十的时候，我才来完成最后的百分之十。

我一直以为她应该更擅长文科方面的学习，后来我一看那些比赛项目，虽然她没学过计算机编程，但她的逻辑思维还可以。节目组说："编程只是一个方面，也许孩子在这个方面不足，但是在其他方面是擅长的，我们主要是想发掘有潜力的孩子。"她来参加节目以后，发现了自己和其他孩子的差距。来参加节目之前她就学了一个月Python和C++，学校老师简单地教了她一些东西。回去以后，她自己选择继续跟着信息老师学习，主动性和责任心更强了。如果家长对孩子说"你看别的孩子怎么那么优秀"，孩子就会有抗拒心理。但是，如果是她有亲身体会后，她自己就会急切地想去学习。

我希望崔鐘予能够平安、健康、快乐。我一直对她没什么要求。但是她对自己有很高的要求。以前我觉得她就这样平安地长大，当一名老师就挺好的，现在看来会超出我的预期，她未来的人生我会尊重她的想法。

董苏晋妈妈：
我最喜欢也最欣赏的就是孩子很乐观

我带董苏晋来参加这个节目，主要是因为他想结识更多比他厉害的人，他想去看一看他们是怎样学习的，面对困难他们采用了什么样的方法。来到这个节目以后，我发现在场的孩子都很优秀，不光是成绩好，他们在自律方面的确比普通孩子做得好很多。他们在学习时不需要大人督促，基本上都是自学，自我的推动力比较大。

节目中的很多挑战都涉及信息学，但是小董没有学过信息学。他擅长的是机器人这一块，就是硬件搭建和软件的结合使用。一开始，我觉得这些孩子都很优秀，但是我现在也不觉得我们家孩子差，因为他们走的是不一样的路。

小董的优势在于性格乐观，他有一种蓬勃向上的感觉，我最喜欢也最欣赏的就是他的这一点。对感兴趣的新知识，他接受起来很快。而且他有一点特别好，他喜欢和比他强的孩子或者大人在一起，他会很崇拜他们，那些人给他一些指导性的意见时，他是愿意听从、遵守并且采纳的。他从节目组回来的当晚很激动，好像看到了一个超越的目标，或者是他今后努力的方向。他跟我讲的时候，我觉得他眼睛里是闪着光的。

小董小时候没有什么特别的地方，作为父母能多教一点儿就尽量多教一点儿。我们一直都觉得只要想学，不管什么时候学都来得及。我们确定了这个想法以后，教他的时候就不会急躁。孩子们在小时候差不多都是一样聪明的，家长的引导和外界环境导致每个孩子可能会朝不同的方向发展。也许每个孩子生下来，的确有所不同，但是在婴儿时期或者幼儿时期表现得并不明显，还是主要靠家长的引导。

我们会先给孩子定一个长远的目标，再根据他当下的情况定一个中短期（两年左右）的目标，在两年之内我们再定一个半年的目标，根据半年的目标，再定一个月的目标，一点点地落实目标。因为他的年龄还小，自我约束能力不是很强，我们会帮他把学习计划细化，包括把计划细化到每一天，比如"今天我们要干什么"，干完以后，我会写几句话进行简单的周总结、月总结。

孩子在某个阶段会有一个敏感期，只有家长才能及时发现自己的孩子在这个阶段的敏感期。在敏感期，家长要针对孩子敏感的方面，不停地刺激他在那一方面的能力，给他一些辅助，那么他在某个方面就能成长得非常快。如果过了这个阶段，家长再去刺激，付出同样的精力和时间，效果就会变差。因此，我觉得抓住孩子的敏感期还是非常关键的。

小董的逻辑能力和空间思维能力是非常强的。在他小的时候，他很喜欢搭积木、玩乐高。刚开始是根据图纸玩，后来就是把所有的积木混合在一起，按照他自己的想象去搭。我们给他提供的是各种辅助。他在玩具世界里一待就是一个小时，他会坐在那里研究。我们给他买喜欢的玩具不是说他要达到什么目标才买，就是他喜欢什么就去买什么，没有附加条件。

所以，如果给小董打分，满分100分的话，我会给他打100分。因为我觉得这个孩子真的挺好的，他本性很善良，人这一生有本性善良为基础就很好了。小董是一个内心很柔软的孩子，他看上去很大大咧咧，有时候话不多，有时候又特别喜欢和别人聊天，但是实际上他的内心很柔软、细腻。比如，他在外面吃到一些没有吃过的很特殊的菜式，如果家里的老人没去的话，他会说"这个菜我要记下来，下次要带××过来一起吃"。如果他在学校碰到一件特别好玩的事情，也会第一时间回来跟我们分享。我觉得他跟我们没有太大的隔阂，青春期的反应也没有那么明显，还算是其乐融融。

我属于比较识时务的家长，我带小董出去玩的时候，把他送过去以后，我就跟他说："如果你需要就叫我，没需要，我就在旁边。"他说可以。包括这次来也是，我对他说："你需要就喊我过来，不需要的话我就回去看书。"他也说可以。

我应该不算特别"鸡娃"的家长，现在的整个社会是焦虑的，这种情绪也会感染到大人，但是我尽量跟他做朋友吧。他小时候自我约束能力比较差。因为他上的幼儿园是开放式的，他就养成了"我觉得我想回答问题，我就可以站起来回答"的习惯。上了小学以后，他不适应小学里的教学方式，从一年级到三年级很痛苦，我们家长也很痛苦。他经常在老师讲到一个问题时，觉得自己知道就站起来讲，让老师没法讲后面的内容了。因为老师是准备循循善诱的，结果他直接把答案报出来了，上课的学生不止他一个，其他的学生听课就受到了影响。他的班主任教学经验丰富，很开明，就引导他，后来他知道不能这样，就好了很多。

当我感到焦虑的时候，我会跟他爸爸沟通，通过沟通疏解自己的焦虑情绪，再去跟小董谈，这样的话我的情绪就不会过多地传递给他。他爸爸比我淡定很多，我先把我的焦虑跟他讲，如果他也焦虑了，一般当天就不会跟我讲什么，他会在第二天下班回来以后，再讨论如何解决问题。解决了更好，如果没有效果，那就再换一种方式，总之还是要解决问题。

当小董成绩波动时，我们肯定是会担心的，但不会因为成绩过分焦虑，现在特别"佛系"的妈妈也不多见了，但是不要太过分就好了。如果孩子在这个阶段已经很努力、很认真了，即使没有做出什么成绩，我也是可以接受的。

我们也会给小董报一些兴趣班，对成绩的提升，包括对他学习能力的提升会有帮助。我们讲的学习，不单是指书本上的学习，我和他爸爸都希望学习能够变成一种终身制的习惯。因为社会变化太快，你如果不善于学习的话，很快会被淘汰掉。

我们会在家里的黑板上写一句格言送给他，每个星期更新一次，根据他每段时间的状态及时调整格言的内容。比如，他这段时间很累，我给他写的格言就不会太激进，会是让他舒缓的，鼓励他有困难或者委屈可以来找父母诉说。如果他这段时间比较懒散，我又不能总是不停地叮嘱他，我可能会在小黑板上写稍微带一点儿激励的话。我们觉得孩子还小，还是要正面引导。正面引导好了，树长正了以后，它自然就能够分辨善恶了。格局大一点儿的人，生活会开心一点儿，不会为一些太小的事情计较太多，人生也会豁达一点儿。

　　人品一定要端正，这是我们的底线。我希望小董能够自食其力，如果有条件的话，在他喜欢的领域中，做出一点小小的成绩，成为一个心里有光的人。

宋昱轩妈妈：
尽量以平常心去对待孩子的成绩

孩子来参加节目，我的期待就是他能多交朋友，能跟不同年龄层的孩子沟通，进一步交流他们的兴趣爱好，这也许有利于他未来从业或者是兴趣爱好更广泛地发展。我对他没有任何排名的要求，只要能来参加，能见到这么多志同道合的同学，结交一些朋友，我觉得就挺好的。

宋昱轩很小的时候就开始玩乐高，后来他爸爸就给他买了乐高EV3机器人。他小学一年级的时候开始学EV3的编程，到了二三年级又在学校接触了其他编程软件，他就用编程搭自己的小游戏。搭完游戏之后，听说Python和C++也是能编游戏的，于是他又学了Python和C++。我们没有给他制订特别的计划，就是让他跟着兴趣来，他喜欢拼乐高我们就给他多买一些。后来发现他对机械结构蛮感兴趣，就专门买了乐高科技机械组；；觉得他数学还可以，就让他又做了一些奥数题。后来发现他居然还能编程，就让他上完了全部的乐高编程课。他爸爸也蛮喜欢乐高编程，于是他们俩就一起研究，一起编程。后来又跟着报了个机器人的班，机器人班的老师也蛮喜欢他的，又让他学了单片机。再后来，他发现他们学校开始做创客比赛，他做的东西能够去参加比赛了,所以就歪打正着地走上科创这条路。

宋昱轩最大的优点是专注力很强。假如我们在他身边交流,只要他在做感兴趣的事情,他基本上都可以沉静下来,一直做下去,不受干扰。比如编程,我觉得他可能是为数不多的没有参加过信奥赛(信息学奥林匹克竞赛)的孩子。我没有以竞赛为目的让他去学编程。他每天做完作业之后,会跟我说他要去编一会儿程序,可能编半个小时或一个半小时,也许那个程序最后也没编出来,但是他会以此作为兴趣爱好,一直延续下去。

学校老师布置的任务,宋昱轩肯定都能完成,但是如果没有和他协商好就额外给他增加任务,他心情好时就做,心情不好时就不做,我们硬"鸡"不了他。他从小就独立性很强,自我意识也很强。我们给他安排课外的课程,都是围绕他的兴趣来。不过他也会有厌学的时候,比如英语老师会不停地让学生默写单词,第一课的时候,要默写第一课的单词;上第二课的时候,还要默写第一课的单词;第三课的时候,要默写第一课、第二课和第三课的单词。特别是一到"五一""十一"放假的时候,老师要求把前面所有的单词再重新默写一遍,这个时候他就抗议了。他会对一些重复的、机械的事情会产生一些厌烦的心理,但在学习中一定的重复也是有必要和不可避免的。

我觉得我不算是在"鸡娃",但我也不完全"佛系",我是在"佛系"和"鸡娃"之间徘徊。当看到排名不好的时候我也着急,但是我慢慢地会看淡这个事情,我经常告诉自己的就是:我工作了这么多年,回想初中或小学时候的成绩,其实没有记住什么,那就说明一两次的考试成绩低或者高，不代表未来会怎么样。所以我尽量以平常心去对待孩子的成绩。现在步入初中有了学业压力，一方面要顾及他的兴趣，另一方面也要顾及升学，我尽量做到在他松懈时鞭策他，在他焦虑时疏导他。

在培养孩子的过程中，肯定是有焦虑情绪的，任何家长都会有焦虑情绪。大家觉得编程是正业，但是在学校里编程就是不务正业。宋昱轩的课程和作业量越来越多，兴趣爱好又相对比较多、比较杂，所以其实应该学得专一点儿。比如，如果打算学编程就应该考虑以后参加信息竞赛，可他又喜欢玩单片机，单片机属于机器人创客；如果数学特别好，那应该走数学竞赛这条路。我们希望他选择一条路来走，但是他好像每方面都喜欢，但都不精，所以我们也很茫然，不知道他到底应该往哪条路走。

如果用百分制来评价他的话，我给宋昱轩打80分。为什么还扣了20分呢？我觉得是扣我自己的这部分因素，因为我的基因可能并没有给他多么优秀的东西。家长的基因决定了自己的孩子是什么样子，家长不能希望所有的好东西都集中在自己的孩子身上，要求他的同时，也得要求自己。我们没有其他爸爸妈妈那么优秀，却希望孩子能像别人家的孩子那么优秀，怎么可能？所有的好事不可能都让你独自占有，所以我能看清自己的孩子，我能看到他的优点。我觉得他的一些缺点应该是在小时候没有培养好的原因，如果我们培养好了，孩子会变得更好，所以我觉得扣分应该是扣在我对他的教育上。我会时常反省，在他小时候我哪些地方没有做好，造成了他现在的不足。

我们对孩子没有太大的期望，觉得如果他能考一所好的大学就知足了。其实他们这一代人考大学，比我们那时候要难。我们那时候只要努力了就有可能考上，或是头脑聪明也有可能考上，但是他们这一代是聪明加上努力，而且是非常努力才可能考上。在班级里学习能力、自觉性比宋昱轩强的孩子真的很多，这些孩子每天都自己学，而他属于把该做的做完了就结束了。其他孩子花的时间比他多好几倍。

我希望他能做他自己喜欢的事情，因为只有喜欢了，他才会快乐，才会持久。我希望他不把工作作为一个谋生的手段，工作如果成为一个谋生的手段，会很累，如果能选择一件他感兴趣的事作为将来的工作，那我们做家长的也算功德圆满了。生活是一件很幸福的事情，我希望他也是这样认为的，同时我也努力地想要引导他往这方面去发展。

高培淇爸爸：
爸爸带孩子是伙伴式地打怪升级

我觉得培淇是一个普通的孩子。如果说有不一样的地方，就是他小时候我们着重培养他的阅读能力和专注力，因此他识字比较快，阅读能力和专注力还可以。在他小的时候，我们比较注重教育，当时特别喜欢在周末带他去图书馆，反复地跟他讲书里的故事。他认字量是比较大的，令我震惊的一次是他2岁多的时候，我开车在路上走，他妈妈在后排陪着他。他指着外面的广告灯牌说"好利夹"，我一看，是"好利来"，那个"来"字的灯坏了，正好就是个"夹"字。我就觉得这孩子识字能力不错。后来我回到家，拿出一本书，让他指着字念，大部分字他都认识。对2岁多的孩子来说，他的识字量还是不错的。我们旅游的次数比较多，去台湾时，他也能认很多繁体字。除了认字比较早，我们没有对他进行太多的早教，包括没有让他背一些东西，更多的就是自然而然地认识的。

他7岁时，我们带他出去旅游，我给他准备了一些从小学到高中的数学课本，划掉了一些关联度低的章节，我让他有空可以看一看。在旅游的路上，他基本上20分钟左右就能看完一册小学或中学删减后的课本，看完后再给他出一到两道简单的题目。他在7岁的时候，就完成了整个小学至高中的数学学习，当时做数学高考卷子能达到及格分以上。后来他还自学了初高中的物理、化学。

我觉得爸爸带孩子，特别是在孩子小的时候会有非常不错的效果。因为爸爸带孩子更多的是一种伙伴式的成长，就像升级打怪一样。妈妈带孩子可能有更多的母爱，更加感性。我是在他二年级的时候开始接手负责他的学习规划，当时我说的第一句话就是："我带你和你妈妈带你的区别在哪儿呢？就是我不管你，我做我的，你做你的。你每天最多可以问3个问题，要经过独立思考后再问。"但是我先教会了他用百度。他最早报名奥赛的时候，因为学校里没有教练，报名的时候必须得有一个教练。为了可以推荐他，我只能自己考NOI教练资格。当时学了一段时间，每天刷题，刷到晚上两点，我还在半夜把他叫醒，问他一道题，我说："培淇，这道题给爸爸讲讲行吗？"他当时还说："爸爸，我估计你明天早晨也刷不完题。"我说："咱试试。"最后我刷完题了，而且教练考试还考了满分。

其实说来，我还要感谢培淇，陪伴他的这两年多我通过了好几个比较难的考试，包括专利代理人、CCAA国家标准审查员、信息学奥赛NOI教练资格和国家司法职业资格考试，我觉得这是我人生的第二次充电，我也会努力成为更好的自己。

我觉得培养孩子是需要长久规划的，有些计划需要咨询专业人士和深入调研，更重要的是给他提升上限和建立下限，中间的部分让他自由探索。上限就是为改变社会而努力，下限就是自己能谋生就行。

让我觉得骄傲和感动的是，我们问他一些问题的时候，他的答案是超乎我们想象的，而且比较理性和充满正能量。印象比较深的是，他说喜欢钢铁侠，是因为钢铁侠是超级英雄里唯一会编程的且还有能力守护身边的人，我们都惊呆了。

培养孩子的过程中肯定也存在焦虑，因为别人都在很努力地遵循标准的传统体系教育孩子，我们也不能对抗这种体系，这是令我焦虑的。别人家的孩子都在课外学各种课程，我到底应不应该让我的孩子也去学？其实，40岁以前，我是以一个理工男的身份理性地判断一件事的对错。直到40岁之后，反倒明白了一些道理，往往正确的对面不是错误，而是一个更高维度的正确。

我缓解焦虑的方法是通过大量阅读来提高自己。我必须尽可能地找到尽可能多的解，再从中选择最优解。我听过教育类的网课数量，一般人是听不完的。我有几十个TB（Terabyte，计算机存储容量单位）的教育类网课资源，全部听了一遍，然后再给他选最好的课。

在学习方面，培淇和其他孩子一样，遇到难题时也会哭，写作业也有想要偷懒的时候。但是，我觉得只要让他明白写作业是自己的事，写不完也得交，只要他自己能应对得了老师。我觉得适当放手是比较好的教育方法。当然，如果我出差不在家，我也会打电话"遥控"他。我觉得孩子跟公司里的新员工是一样的，要把他当作一个平等的人，只不过他现在的级别比我低，但未来他会是我的领导。我跟孩子的妈妈说："现在他是你的手下，但未来会升值，以后咱们都得归孩子管好多年，得对咱们未来的领导态度好一点儿。"

原来我对孩子没有什么期待。我觉得因为我们家条件还算中等偏上吧，他以后做什么工作都无所谓。现在，他在暑假也会去软件公司编程，按他的水平，一个月挣一万五六没问题，随着熟练度提升，一个月挣三五万的工作对他来说也是很轻松的，所以我觉得他上不上大学无所谓。但是，这次培淇通过节目接触到了马钦伟和周镇东两个好哥哥，他说特别想上清华大学，想去找小马哥（马钦伟）和镇东哥哥。他其实少想了一个特别简单的问题，他去清华大学的时候，他俩肯定已经毕业了。

教育就是以身作则，让孩子对待人生要有认真的态度，但要知道结果并不重要，过程才是应该认真面对和体会的。培淇有一次在一个节目里安慰其他小朋友说："不管你考试成绩怎么样，爸爸妈妈永远爱你。"实际上就是这样，不管孩子取得什么成绩，家长永远都是爱孩子的，没有必要对孩子说如果他考不好就不喜欢他。我们希望培淇能够有更多的体验，体验成功，也体验失败；拥有自己的梦想，并且能够去努力实现它。我们做家长的，能帮他的也只是把我们了解的有限的东西教给他。

谭栋泽妈妈：
孩子，你的想法很对，你要坚持

谭栋泽小时候认字特别早，因为他两三岁的时候去外面玩，就会很关注外面的广告牌。他看到肯德基、麦当劳的招牌，就会问那是什么，我都会告诉他。后来，我发现他都记住了。他没有上过幼儿园，直接上了一年级。一开始，一年级的一位老师不愿意接收，说没有上过幼儿园的孩子不好带，教拼音很难。后来另外一位老师看谭栋泽很可爱就来带他，结果发现他知道的东西很多。这也是因为谭栋泽小时候就特别喜欢思考和研究问题。

我没有给谭栋泽安排过特别的学习计划，也没有在学习上特别关注他，更多的是从心理、品质方面对他进行引导。他基本没有上过课外班，我也没有限制过他玩游戏，编程就是他在游戏中找到的兴趣爱好。

谭栋泽一直是自学编程。因为其他孩子都是去培训班学，我担心他自学学得慢，而且学不到点子上，我也想让他去培训班。但是，他觉得培训课的学费比较贵，所以还是决定自学。他很有自己的想法，他说："我学得慢一点儿，但是在自学的过程中，我能提高解决问题的能力。"我说："你一个问题研究半天也不会，为什么不去问一下别人，人家马上会告诉你，不是更节约时间吗？"他说："我在自学的过程中，知识面会得到延伸。因为要解决一个问题，可能需要学5个甚至10个新的知识点才能解决这个问题。在这个过程中，我不光是解决了问题，我还学到了很多知识。"

虽然谭栋泽是自学的，但我认为他在做编程的项目方面是有优势的。他做过好几个大型项目，都是自己从头到尾、从前端到后端做的。不过，他参加比赛的次数少，经验不足，也不太放得开。他12岁的时候学Java语言，是和一群大学毕业生一起学的。Java语言非常难，一开始我觉得他那么小，怕他学不好，结果他在那一帮大学生里面的排名还是靠前的。

我在培养孩子的过程中也有过焦虑。他从小就比较乖，就是那种"别人家的孩子"。他太自觉了，太为别人考虑了，心里承受了很多压力，他压力大的时候也会告诉我，所以我也会焦虑，在他这个年纪不应该这样。他上初中时，因为学习跟他的兴趣爱好存在冲突，老师在文化课上抓得紧，他就听老师的话，限制了兴趣爱好的发展。但他心里又很有主见，他说他在课堂上已经把知识都掌握了，回家不必复习那么多，他可以用业余时间做更多自己喜欢的事情。我就跟他聊，我说："其实，你的想法很对，你要坚持。"但是他又不想违背老师的意愿，他毕竟是个孩子，没办法平衡。

每次开学前，我基本上都会给他请几天假，让他写那些没写完的作业。如果不是我的支持和他的坚持，他是无法坚持学编程的，因为太艰难了。他初中是怎么学的呢？他星期六的下午才回家，回到家里基本上就晚上7点了，星期天下午就要去学校，这中间能学习一下。然后在学校里，不让带手机和电脑，他就利用中午睡觉的一个小时，偷偷跑到电脑室去学习一小会儿，他这三年就是这么坚持下来的。

我希望谭栋泽能够按照自己的意愿，把自己的兴趣爱好作为事业去发展。未来怎么发展，他其实是有自己的规划的。

王悦然妈妈：
孩子在小学阶段的引导和规划非常重要

我希望王悦然在节目中能够展现自信，不要有思想包袱，不要有压力，做真正的自己。我觉得她的优势是比较乐观，有自己的想法，数学思维能力还不错，抗压能力也比较强。

王悦然接触课外班比较早，我比较注重提前教育。因为我小时候接受各方面的教育比较早，我自己感觉提前学其实是有益处的。我爸在我三年级的时候，就教我学了初中英语，后来我学英语就特别轻松，能抽出时间做一些自己想做的事情。我觉得如果王悦然能接受的话，我也想让她提前学一点儿。

有的人说"不要在起跑线抢跑，起跑线抢早了，跑后面的路程就没劲儿"，我不太认同。为什么没有后劲儿了？我觉得很有可能是因为没有把握好孩子的成长规律，教育孩子要"因娃制宜"。要把握好提前学的内容，我觉得语言类的，比如英语，肯定可以提前学，因为学英语基本只需要认知能力，认知能力达到了，就可以学好英语了。但是如果提前学数学，对于她来说可能效果就不会很好。王悦然从2岁开始学英语，从幼儿英语开始学的。但是在数学方面的学习，我们没有开始得很早。她在幼小衔接的时候才接触了奥数，成绩还不错，老师说她可以上二年级的奥数课,她也成功地跟上了。等到她真正上二年级的时候,就停了奥数课,主攻英语,并且通过了KET考试(剑桥通用英语五级考试的第一级)。她上三年级时,考进了创新班,成绩一直还不错。

孩子在小学阶段的引导和规划是非常重要的。我的理念是孩子的智商都差不多,没有特别笨的,只要好好规划、好好引导,都能把孩子培养得不错。我给她报学科类的辅导班非常少,在她三年级之前,基本上都是上的素质类的培训班,有一个学期,周末会在少年宫待一整天。等到四五年级的时候,为了小升初,才开始让她多报几个机构的数学培训班。掌握教育的平衡点很重要,我觉得女孩就要学得均衡一点儿,要多才多艺一些,比如可以学学唱歌、主持,要不然太单调了。

在她的小学阶段,我对她非常严厉,属于"虎妈"。但是我觉得我对她还是张弛有度的,觉得她状态松散就抓紧一些,觉得她绷得太紧了就给她松一松。我对她比较严格的是交朋友方面,比如,同学群里如果有同学说了一些不太适合的话,我就会提醒她,让她不要参与。我不希望她把精力过多地放在没有意义的事情上。

对于这次的比赛,在编程方面,王悦然在女生中应该属于成绩比较好的,有几个男生比她厉害得多。她五年级的时候,就获得了CSP-J(信息学奥赛)复赛二等奖,在小学生里算成绩不错的。她上初一后,信息学学得也还行,但在台上的展现能力可能会差一些,她的团队协作能力也没问题。

在学习习惯上,王悦然在小学时看不出有太多问题。到了初中以后，电子产品对她的成绩还是有影响，她会惦记微信同学群的消息。并且，上初中后，她接触的同学跟以前的同学完全不一样，她的同学都是一些精力过剩、脑子好使、见识广的小孩。她上初中时，也在经历青春期，开始有自己的想法，因此我会控制她使用电子产品的时间，不让她用社交软件时间太长。

王悦然也有比较强的独立能力，可以自觉完成作业，但是如果想要再给她加点儿码，她可能就会耍小心眼。可是不多留点儿作业，我就觉得她对知识的熟悉程度还不够，成绩肯定上不去。她的一些同学会提前学习一些科目，在这种环境里，如果不让她多学点儿，我就觉得是耽误她了。有一句话说的是，现在孩子之间的竞争是家庭和家庭之间的竞争，要看孩子背后的父母的支撑力。所以，孩子仅仅靠自己一个人，去和别人的一个家庭竞争是很吃亏的。

我的执行力并不强，一般爸爸"鸡"出来的孩子的执行力会更强。为什么呢？妈妈执行力特强的话，就得切换各种角色，一会儿是慈祥的"老母亲"，一会儿是"虎妈"。切换起来很别扭，孩子就会不太听妈妈的。所以，有的时候爸爸和妈妈要有分工，爸爸更有震慑力一些。

在教育过程中，作为北京海淀区的家长，我有太多的焦虑。王悦然幼升小的时候还好，我并没有太担心她上的小学不好。但是后来有很多"别人家的孩子"动不动就能获得奥数一等奖，我就会想为什么这个孩子这么厉害。但是，有时候想想王悦然在其他方面也还不错，心里也就平衡了。所以，有的时候我会跟她讲："没考好没事，你在其他方面有优势。"也能给她一些信心。

致 谢

刘嘉教授团队、魏坤琳教授、伊能静、陈铭、马清运、马伯骞、杨芸晴

节目组：晓洁、蒋昕彤、马永高、郑权、齐琦、韦斐、于湛、汤晓咪